친노는 왜 항상 실패하는가?

- 2017 집권 전략

김병로 지음

리퍼블릭

친노는 왜 항상 실패하는가?

친노는 왜 항상 실패하는가? 바로 친노 세력의 4대 정체성이라고 할 수 있는 ▲수구보수성 ▲영남패권성 ▲자폐적 권력 독점주의 ▲이른바 '싹수없음' 때문이다.

우리는 친노가 진보적일 거라는 막연한 '이미지'에 현혹될 게 아니라, 그들이 실제 했던 '정치적 의사결정'과 '행동'을 보고 판단해야 한다. 친노가 원하는 참여정부의 모습이 아닌 있는 그대로의 참여정부를 보아야 한다. 그렇지 않으면 민주주의 발전은 요원하다. 막연하게 이미지만으로 진영논리에 매몰되어 "내편, 네편"을 가르는 건, 이젠 정말 곤란하다. 새누리당이 미워서 어쩔 수 없이 친노 새민련을 지지하긴 하지만, 친노를 지지하면서도 뭔가 찝찝하다는 생각을 하는 국민들도 많을 것이다. 그런 분들에게도 이 책을 권한다.

결론적으로 친노는 진보나 개혁과는 아무 관련 없는 정치 세력이다. 본문에서 자세하게 언급하겠지만 친노의 핵심 정체성은 다음과 같다. ⅰ) PK를 지역 기반으로 하는 영남 패권주의자 집단이다. ⅱ) 정책적 측면에서 '4대강 사업' 하나를 제외하고 새누리당과 다를 바 없이 수구 보수적이다. ⅲ) 당비는 안 내고 모바일을 통해 '권력만' 독점한다(당비 내는 권리당원의 70% 이상이 사실상 호남 출신인데, 당 권력은 영남 친노가 행사한다). ⅳ) 태도까지 문제가 있다(이른바 '싸가지론').

그래서 새누리당에서 누가 나오든, 세월호가 침몰하든, 메르스 방역에 실패하든, 교과서를 국정화하든, 남북관계가 파탄나고 냉전적 한미일 3각 동맹이 부활하든, 그 어떤 정치상황에서도 제1 야당은 (심지어 텃밭에서도) 새누리당에게 판판이 참패하는 것이다. 국민 입장에선 새누리당과 정체성에서 차이도 없는 친노에게 표를 줄 이유가 없다.

이 친노 세력의 대척점에 있는 정치인이 정동영이다. 정동영과 친노 세력은 한국 야당의 모든 모순, 즉 개혁적 정체성 문제(누가 진짜 개혁 세력인가), 신당 문제(새민련의 리모델링이 가능한가), 태도 문제(이른바 '싸가지론') 등이 예각적으로 부딪히는 진앙지이자 리트머스 시험지이다.

지금부터 난 '정치 간상배奸商輩 집단'인 친노들이 정치의 전면에 등장한 이후 그들이 얼마나 수구 보수적이었고, 영남 패권적이었고, 권력 독점적이었고, 지지자를 배신했는지를 언급할 것이다. 그리고 정책적 수구성과 영남패권성에서 참여정부, MB 정부, 박근혜 정부가 한 몸임을, 즉 '노명박근혜'가 한 몸임을 주장할 것이다. 독자들은 이제 참여정부의 민낯과 진실을 보게 될 것이다.

나아가 수구보수성, 영남패권성에서 새누리당과 아무런 차이도 없는 친노 세력이 야권의 주류로 있는 한 정권 교체는 연목구어에 불과하며, 따라서 양심적 민주개혁 세력을 한데 묶을 수 있는 '대중적이고 개혁적인 선명 야당'을 창당하여, 2016년 총선에서 새누리당의 '위성 정당'에 불과한 친노 새민련을 심판할 것을 주장할 것이다. 그렇게 다당제로 2016년 총선에 임해, 국민이 선택해준 정치 지형을 토대로 '이질적 정치세력' 간 정치 공학적 연대를 완성시키는 것만이 정권교체의 유일한 길임을 주장할 것이다. 이를 위해선 선명한 개혁 신당의 출범이 선결되어야 하고, 그 엔진으로 정동영을 활용하자고 주장할 것이다.

정동영은 흠이 많은 정치인이다. 그러나 정동영을 외면하는 것은 '양심적 민주개혁 세력'의 자해행위에 지나지 않는다. 정동영만한 정치 지도자가 탄생하려면, 정계에 입문하여 최소 10년은 걸려야 할 것이고, 거기서 지도자 반열에 오르려면 또 추가로 5년은 필요할 것이다. 유능한 기존 정치인을 두고 15년을 (어쩌면 그 이상이 필요할지도 모를 시간을) 기다려야 한다는 건 정치적 손실이고 낭비다.

친노가 한국 야당의 주류세력인 정치 현실에서 그리고 엄혹한 진영 논리가 지배하는 정치 현실에서 친노를 비판하는 책을 내놓는다는 것은, 야당 정치 지망생으로서 자살행위나 다름없다. 그러나 나는 '정의와 진실'의 이름으로 그 일을 하고자 한다. 나는 출간 결심을 하는 데 있어서 한 치의 주저함도 없었다. 나는 내 인생과 양심에 비추어 볼 때 터럭만큼의 미혹도 없다.

정동영도 이제 두려워하지 말아야 한다. 좌고우면하지 말아야 한다. 그가 두려워해야 할 대상이 있다면 오직 국민들의 준엄한 명령뿐이다. 나는 그가 DJ 이후 뿔뿔이 갈라진 양심적 민주개혁 세력을 복원하고, 그리하여 신민당―평민당―새정치 국민회의―새천년 민주당의 계보를 잇는 품위있는 개혁적 선명야당을 재건하고, 대한민국을 「유럽식 복지 자본주의 국가」로 만드는데 소중한 거름이 되길 간절하게 바라며 내 영혼을 담아 삼가 옷깃을 여미고 국민 앞에 이 책을 내놓는다.

선야재(선명야당 재건본부) 대표 김병로 씀.

| 목차 |

나도 한때는 노빠였다

내가 반노의 선봉에 있기 때문에 타고 날 때부터 반노였을 거라고 생각하는 분들이 계시지만, 난 노무현 의원이 1988년 등원한 이후부터 2002년 12월 대통령에 당선되기까지 누구에게도 빠지지 않는 열혈 친노였고, 노무현 의원의 모든 정치 인생을 사랑했던 사람 중 하나라고 자부한다. 난 1997년 김대중 후보가 당선된 이후 민주당의 차기 주자는 노무현 의원이 되어야 한다고 확신했고, 당시 회사 동료들에게 이런 얘기를 하고 다녀서 이상한(?) 사람 취급을 받기도 했다. 당시 노무현 전 의원은 누구에게도 관심을 받지 못하던 전직 1.5선 국회의원이었을 뿐이다.

양심적 민주개혁 세력이라면 누구나 동의하듯, 김대중 전 대통령에 대한 왕따는 이성으로 해결될 수 없는 감정의 소산이었고, 정치 공작을 통한 부당한 낙인의 결과물이었고, 정의에 대한 부정이었다. 그래서 나는 평생 김대중 전 대통령을 지지했다.

1997년 김대중 후보의 당선은 한국 역사상 최초의 수평적 정권 교체였다. 이 수평적 정권 교체로 인해 우리는 비로소 민주주의를 완성할 수 있었다. 이후 나는 사실상 '호남 왕따'와 다를 바 없었던 망국적 지역감정을 극복하자는 노무현 의원의 노선에 적극 찬동하였다. 당시 노무현 후보의 '지역구도 극복' 노선은 부당한 호남 왕따에 대한 양심적 민주개혁 세력의 분노에 찬 저항이 었다. 노무현 후보 역시 "DJ 정권의 자산과 부채를 모두 승계하겠다"고 하여 자신의 정체성이 민주개혁 세력에게 있음을 분명히 하였다. 나에게 DJ를 부정하는 것이 정의에 대한 부정이듯, 노무현 후보를 부정하는 것 역시 정의에 대한 부정이었다.

내게 노무현 후보는 완벽한 후보였다. 이것도 옳고 저것도 옳다는 식의 얼치기 지식인들의 기회주의적 화법을 경멸하는 나는, 노무현 의원의 거칠고 투박한 말투, 선 굵고 분명한 정치적 노선, 정의감, 가슴 밑바닥에서 솟구치는 분노를 좋아했고 그는 내게 있어 롤 모델이었다. 혹시 정치를 하게 된다면 정의감 넘치고, 살기 어려운 사람은 자손 대대로 살기 어려운 사회 구조에 대해 피 토하며 분노할 줄 알고, 서민을 내 핏줄 대하듯 하는 노무현 의원 같은 정치인이 되고자 꿈꾸었다. 김대중 전 대통령이 감히 가까이 다가설 수 없는 거목이자 큰 산 같은 퍼스낼리티를 가진 분이었다면, 노무현 의원은 한 마디로 '대중의 감정을 사로잡는' 매력적인 정치인이었다.

2002년 민주당 대선 후보 경선 당시, 경선 후보들 간 TV토론이 있었다. 당시 경선 후보 중에는 신진기예 정치인으로서 일약 경선의 다크호스로 떠올랐던 정동영 후보도 있었다. 난 정동영 의원의 발언 중 두 가지가 아직도 뚜렷하게 기억에 남는다. 취지는 다음과 같았다. "1. 이회창 후보는 너무 오른쪽이고, 노무현 후보는 너무 왼쪽에 있는 것 같다. 내가 가운데 있다. 고로 내가 대선 후보가 되어야 확장력이 있다. 2. KT가 민영화돼서 주가가 폭등하고 대학생들이 가장 취직하길 원하는 1등 기업이 됐다. 민영화가 곧 개혁이다"라는 요지였다.

난 이런 정동영 의원의 발언을 보고, "아! 정동영 의원은 정체성에 심각한 문제가 있구나"하는 생각을 했다(정치인의 정체성과 능력은 책임있는 위치에 올랐을 때 비로소 그 진가가 드러난다). 정동영 의원은 1996년 전국 최고 득표율로 정계에 화려하게 입문하여 정풍운동을 주도하고 파죽지세로 승승장구하던 정치인이었다. 나도 정동영의 개혁성에 주목하고 있었지만, 2002년 대선 경선 토론회에서 위와 같은 그의 발언은 실망스럽기 짝이 없었다. 그는 한나라당 후보나 별 차이가 없는 사회경제적 노선을 갖고 있었다.

물론 2002년 당시에는 공공부문 민영화가 개혁으로 찬양되던 시기였고, 그래서 이른바 개혁적 정치인이라는 사람들도 민영화라 불리는 '공공의 사유화' 정책에 너도나도 가담하던 시기였다. 난 정동영 의원의 발언과 비교하여 내가 지지하는 노무현 후보가 한없이 자랑스러웠고 노사모라는 것이 뿌듯했다. 노무현 후보가 부자증세(법인세 증세)를 주장하며 한나라당 이회창 후보와 각을 세우는 것을 보며 "역시 노무현이구나"하고 생각한 건 나뿐만이 아니었을 것이다.

이처럼 나도 그 당시에는 자발적으로 '노란 돼지 저금통'을 뿌리고 다녔던 열혈 노빠였다. 그러나 노무현 후보는 대통령에 당선된 후 돌변하였다. 지지자를 통째로 배신했다. 참여정부가 정권 잡고 첫해에 한 주요한 업적(?)은 딱 세 가지다. ▲대북 송금특검 ▲부자감세(법인세 감세) ▲민주당 분당. 나는 2003년 집권 20여 일만에, 3월 15일 대북 송금특검을 발표하자 분노했고, 2003년 5월 미국 방문에서 군사정권을 훨씬 능가하는 굴욕적 정상회담을 보고 낙담했고, 이후 부자감세와 민주당 분당을 보면서 참여정부에 대한 기대를 완전히 접었다. 그리고 반노로 선회했다. 배신은 내가 한 것이 아니라 참여정부가 했다. 이후 나 뿐만 아니라 많은 분들이 참여정부의 배신에 대해 분노했다.[1] 그리고 내가 예상했듯, 참여정부는 한나라당과 대연정, 비정규직을 기간제로 합법화, 전두환식 한미 FTA 추진 및 타결, 한미일 3각 동맹 올인 등 한나라당 정권보다 훨씬 더한 수구 보수정책들을 유례없는 속도로 정력 추진하며, 역사상 유례없는 속도로 몰락하고 말았다.

친노 세력이 양심적 민주개혁 세력에게 가한 자해행위는 한국 정치에 이루 말할 수 없는 폐해를 남겼고, 그 여진으로 민주 개혁세력은 갈기갈기 갈라졌으며 야당은 끝없이 몰락했다. 무능 친노 10년 권세에 서민 경제는 파탄났고, 양극화는 빛의 속도로 진행되고 있으며, 한반도 냉전은 해빙의 기미가 보이지 않는다. 그 핵심 주범이 바로 친노 새민련이다. 이들을 갈아엎지 않는 한 정권 교체는 영원히 불가하다. 이들이 야권의 주류를 장악하고 있는 한, 새누리당에겐 축복이요 양심적 민주개혁 세력에겐 재앙이다.

노무현 후보가 대통령이 된 후 표변하여 한나라당과 야합했듯 정동영도 이

---

1) 2006/05/31 [프레시안] "나는 왜 노무현을 버렸는가"

후 변신하였다. 그러나 그 방향은 노무현 대통령과 달랐다. 정동영은 2007년 대통령 선거에 낙선 한 후 드라마틱하게 변신하여 개혁 정치의 거목이 되었다. 그러나 친노 세력의 부당한 배척과 본인의 세련되지 못한 정무적 판단으로 정치적 위기에 처해 있다. 그리고 나는 지금, 그런 정동영을 양심적 민주개혁 세력 복원의 거름으로 활용하자고 주장하고 있다.

제1장 친노는 왜 항상 실패하는가?

친노는 왜 항상 실패하는가? 바로 친노 세력의 4대 정체성이라고 할 수 있는 ▲수구보수성 ▲영남패권성 ▲자폐적 권력 독점주의 ▲이른바 '싹수없음' 때문이다.

우리 국민이 친노에 대해 가장 심각하게 오인하고 있는 것이 "친노는 강경 진보 세력이다"라는 명제이다. 터무니없다. 친노가 진보세력이라는 주장은 "전두환이 민주주의자였다"는 말만큼이나 허황된 소리이다.

서문에서도 언급했듯 친노 세력의 정체성은 "ⅰ) PK를 지역 기반으로 하는 영남 패권주의자 집단이다. ⅱ) 정책적 측면에서 '4대강 사업' 하나를 제외하고 새누리당과 다를 바 없이 수구 보수적이다. ⅲ) 당비는 안 내고 모바일을 통해 '권력만' 독점한다(당비 내는 권리당원의 70% 이상이 사실상 호남 출신인데, 당 권력은 영남 친노가 행사한다). ⅳ) 태도까지 문제가 있다(이른바 '싸가지론')"로 요약할 수 있다. 요컨대, 친노 세력은 한나라당과 다를 바 없는 수구 보수정책을 급진적으로 추진하다가 국민에게 탄핵을 받은 수구 보수집단이다.

친노 세력이 수구 보수적이라니? 그동안 우리가 알고 있던 일반적 평가와 너무 다르지 않은가? 우리는 친노가 7, 80년대 학생 운동권 출신의 개혁적이고 진보적인 세력이라고 알지 않았는가? 그러나 이게 바로 '친노 정치'의 극단적 폐해다. 친노가 한국 정치에 끼친 폐해는 이루 말할 수 없는데 그 중에서도 가장 큰 폐해는, 정체성에서 새누리당과 한 치의 차이도 없는 영남 친노 세력들이, SNS를 통한 상징조작으로 개혁을 참칭하며 제1 야당의 간판을 틀어쥐고 있다는 점이다. 그 결과 민주개혁 진영을 엉망으로 만들어 버렸고, 양심적 민주개혁 세력이 설 땅이 없어졌다. 이게 친노 정치의 가장 큰 폐해이다(물론 친노 세력의 우경화 책동에 저항하지 못한 호남+수도권 개혁파 정치인들의 선 가늘고 용기 없는 정치도 비판 받아 마땅하다). 아직도 친노가 '진보 개혁 세력'이라 믿고 있는 국민들은 이제라도 진실이 무엇인지를 알아야 한다.

지난 10년 넘는 기간 동안 새민련은 DJ의 선명한 비전과 품위 있는 태도를 잃고, 우경화, 수구 보수화, 권력 독점욕, 선민의식, 이른바 '싸가지 없는' 태도로 국리민복을 외면하고 권력 투쟁에 몰두하였다. 명분은 '지역감정 극복'이요, 수단은 '정당 혁신'이요, 레토릭은 '사람이 먼저다'요, 상징조작 도구는 '인터넷, 스마트폰, 모바일 투표'였다. 지금 새민련에 당비 내는 권리당원의 56%가 호남 거주자이며,[2] 호남 출신 수도권 거주자까지 합하면 사실상 70% 이상의 권리당원이 호남 출신이다. 그런데 당권은 영남 친노가 행사한다. 돈은 호남이 대고 권력은 친노가 행사하는 거다. 왜? 지역구도 타파를 위해서 그렇게 해야 한다는 것이다.

---

2) 2015/01/20 [연합뉴스] 〈野 당권향배, '호남 당심'에 달렸다〉. 이 기사에 따르면 2015년 1월 현재 새정치연합의 전체 권리당원은 26만명 가량으로 알려졌으며 이 중 광주, 전남, 전북 지역 대의원 수는 절반이 넘는 14만5천명 가량으로 전해졌다.

이러한 친노의 주장과 행태는 '사이비 종교'와 다를 바 없다. 실제 국민들은 보수를 자임하는 새누리당과 진보를 자임하는 친노 새민련 사이에 무슨 차이가 있는지 모른다. 이들 모두 정쟁政爭을 제외한 중대한 정책 현안에 대해 한 치의 차이도 없이 똑같다. 또한 새민련 내 친노와 비노 역시, 정체성과 정책 노선에서는 한 치의 차이도 없으면서, 단지 스타일의 차이를 용서하지 못하고(한쪽은 '빽바지'를 좋아하고, 다른 한쪽은 '난닝구'를 좋아한다) 서로를 배척할 뿐이다. 거짓말 같은가?

친노, 비노할 것 없이 모두 ▲중차대한 시기에 남북 관계를 결정적으로 파탄낸 대북 송금특검에 찬성했고 ▲역사의식 없는 민주당 분당 및 한나라당과 대연정에 찬성했고 ▲비정규직 기간제 합법화 및 신자유주의 적극 수용에 찬성했으며(부자감세, 영리병원 도입, 월스트리트 자통법 수용, 돈스쿨이라 불리는 로스쿨 도입, 보편적 복지 반대, 중소기업 고유 업종 폐지, 분양가 공개 반대, 이중곡가제 폐지, 대학 법인화, X-파일 사건 수사 방해 및 삼성 공화국 등) ▲총체적 매국 조약인 한미 FTA를 전두환식으로 체결했으며 ▲냉전적 韓美日 3각 동맹을 적극 수용하였다(제2의 거문도 점령인 강정마을 해군기지 확정, 주한미군 전략적 유연성 수용, 주한미군 MD 수용, 소리 없는 4대강 사업인 용산기지 이전 비용 및 환경오염 치유비용 덤터기). 물론 한나라당도, 참여정부가 제안한 한나라당과의 대연정을 반대한 것을 제외하고는 모든 정책에서 친노, 비노와 일치한다.

이처럼 지난 10년 간 '진보'를 자임했던 친노 세력은 철저하게 무능했고,

국가의 운명을 가를 중대 사안에 대해 정견定見조차 없었다. 매 사안마다 좌고 우면, 오락가락, 갈팡질팡했다. 비정규직이 문제라면서도 노동유연성은 필요 하다고 한다. 서민과 중산층을 강조하면서도 도덕적 해이는 안 된다고 한다. 미국의 대북 적대 정책도 문제이지만 햇볕정책도 문제라고 한다. 한미 FTA 가 그리는 장밋빛 미래도 설득력 없지만 그렇다고 주권이 유린된다는 주장도 과장이라고 한다. 신자유주의도 문제지만, 시장만능주의는 안 된다며 시장원 리를 부정하는 태도도 문제라고 한다. 대체 어쩌자는 말인가? 그 결과 새민 련에 남은 건 '정체성 없는 대합실 정당', '우왕좌왕 오합지졸 정당', '계파부족 연맹 간 당쟁 정당'이라는 오명뿐이다.

이처럼 새누리당, 친노, 비노 사이의 한 치도 다를 바 없는 정체성 때문에, 결국 새누리당이든 새민련이든 누가 정권을 잡아도 달라지는 것이 없다. 그 러니 국민의 정치 외면은 당연한 것이고, 이는 투표율 하락으로 연결되어 오 늘날 대의제의 심각한 위기를 초래하고 말았다(70~80년대 총선투표율은 70~85% 수준이었으나, 지금은 45~55% 수준에 불과하다). 오늘날 사실상 대한민국의 정당은 새누리당 하나 밖에 없는 것이나 다름없고 새민련은 새누 리당의 '위성 정당'에 불과할 뿐이다.

지금부터 참여정부 시절 친노 세력의 수구 폭정에 대해 언급할 것이다. 주 제 하나 하나가 거대 사안이라서 자세한 내용을 언급하자면 몇 권의 책을 써 야 한다. 이 책은 학술서적이 아니므로 관련 주제의 핵심만 간략하게 언급할 것이고, 자세한 내용은 관련 서적이나 내 블로그를 참고하기 바란다(인터넷에서 '쾌도난마 케네스김'을 검색하면 된다). 두 눈 부릅뜨고 정신차려야 한다. 그렇지 않으면 또 사이비 개혁세력, 짝퉁 개혁세력, 개혁 참칭세력에게 속는다.

사안	참여정부	조중동	경향
이라크 파병	**찬성**	**찬성**	반대
한미 FTA조속 체결	**찬성**	**찬성**	반대
스크린 쿼터 축소	**찬성**	**찬성**	반대
부동산 보유세 강화	**찬성**	반대	**찬성**
출총제 폐지	검토	**찬성**	반대
새만금 간척사업	**찬성**	**찬성**	반대
철도파업 물리적 진압	**찬성**	**찬성**	반대
전교조 반전교육 단속	**찬성**	**찬성**	반대
국가보안법	개정	유지	폐지
평택 대추리 대집행	**찬성**	**찬성**	반대

* 자료 : 2006년 7월 7일 경향신문이 보도한 내용이다. 여기에서 경향신문이 언급한 사안은 새발의 피다. 정말 중대 사안은 빠져있다. 어떤 사안이 빠져 있는지는 아래에서 언급할 것이다. 아직도 참여정부가 개혁적이었다고 믿고 있는가?

제1절. 친노 세력의 정책적 수구보수성

1. 총체적 매국조약인 한미 FTA의 전두환식 추진 및 타결

한미 FTA는 조선을 망국으로 이끌었던 1876년 한일 FTA조약(강화도조약)과는 비교할 수도 없는 '총체적 매국조약'이다. 강화도조약 30년 만에 한국은 다수결(?)에 의한 을사늑약 체결로 일본에 외교권을 넘기고 망국의 길로 들어섰지만, 사실은 1876년 불평등 한일 FTA조약(강화도조약)에 의해 조선의 운명은 끝난 것이나 다름없다. 자세한 내용은 졸저[拙著] 「쾌도난마 조선정치下」를 참고하시라.

우리는 FTA(자유무역협정) 자체를 반대하지 않는다. 대출 받는 것 자체가 나쁜 것은 아니지 않는가? 누구로부터 어떠한 조건으로 돈을 빌려서 어디에 쓸 것인지가 중요한 것이지, 돈을 빌리는 것 자체가 나쁘다고 할 수는 없다. FTA도 마찬가지다. 개방 자체가 나쁜 건 아니다. 누구와, 어떤 조건으로, 어느 범위에서 개방할 것인지가 중요한 것이지, 개방 자체가 나쁘다고 할 수는 없다.

그러나 한미 FTA는 세계 최강대국을 상대로 매국과 다를 바 없는 터무니없는 조건으로 국민을 속이면서 시장을 '전면 개방'하는 조약을 체결했다는 점에서 심각한 문제가 있는 것이고, 따라서 우리는 이 매국조약을 반대하는 것이다. 장하준, 정승일의 주장처럼 개방은 '전략적, 선별적, 제한적'으로 해야 하는 것이지 이렇게 대책 없이 '전면 개방'하는 건 나라를 위기로 내모는 행위이다.

매국적 한미 FTA를 반대하는 우리의 애국적 입장에 대해 '쇄국론자' 운운하며 터무니없는 모함을 하는 것이 친노와 486의 입장이다. 그러나 대한민국은 과거 GATT의 모범 회원국이었고, 현재는 WTO의 모범 회원국이다. 우리역시 이런 '다자간 무역'을 적극 지지한다. 한국이 개방된 지 이미 130년이 넘었으며 지금은 세계 최고 수준의 개방국가가 된 상태인데, 매국적 한미 FTA에 반대한다는 이유로 쇄국이라고 낙인찍는 것은, 전두환에 반대하면 공산당이라는 논리와 하나도 다를 바 없다.

한미 FTA를 매국 조약이라고 말하는 게 불편한가? 그렇지 않다. 당시 한미 자유무역협정(FTA) 우리측 수석대표 김종훈은 "통상조약이란 공동선을위해 주권의 일부를 접는 것"이라고 당당하게 주장했다.[3] 김종훈 논리라면,이완용도 공동선을 위해 주권의 일부를 접었을 뿐이다.

한미 FTA의 심각한 위험성을 자세히 설명하자면 책 한 권을 써야 한다. 일반 국민이 이해하기에는 그 내용이 너무 생소하고 난해하다. 따라서 이 책에서는 전문적인 내용을 다루지 않고,[4] 우리 국민들이 터무니없이 그릇 인식하고 있는 ▲자유 무역에 대한 환상 ▲한미 FTA의 ISD제도 ▲참여정부의 투

---

3) 2007/04/11 [한겨레] 김종훈 "통상조약이란 공동선 위해 주권일부 접는 것"

4) 자세한 내용은 저자의 블로그(검색창에 '쾌도난마 케네스김'을 검색하면 된다) '통상' 카테고리의
   글이나, 拙著 쾌도난마 조선정치下, 기타 한미 FTA 관련 서적 등을 참고하시라.

명성 문제 ▲"참여정부의 한미 FTA는 착하지만 MB정부의 한미 FTA는 나쁘다"는 친노들의 주장에 대해서만 언급하고 넘어가겠다.

대한민국이 자유무역으로 성장했다?

한미 FTA를 주도한 참여정부, 한나라당, 친노 486들이 다툼없이 주장하는 내용이 바로 "한국은 자유무역으로 수출입국이 되었고 그 결과 한강의 기적을 이루었다"는 주장이다. 터무니없는 '역사 왜곡'이다. 조선이 중국 정치철학 교과서인 성리학의 공리공담空理空談을 맹종했듯, 현대판 성리학이라 할 수 있는 미국 정치철학(우리나라에는 이를 '경제학'으로 번역하고 소개하고 있다)에 세뇌돼 천지분간을 못하고 있는 것이다.

저들 주장과 달리 대한민국은 자유무역이 아닌 철저한 '보호무역'으로 수출입국이 되었고 그 결과 한강의 기적을 이루었다는 것이 역사적 사실에 부합한다. 박정희의 머릿속에는 '자유'라는 단어 자체가 존재하지 않았다. 그래서 그는 '정치'에 실패했고 '경제'에 성공했다. 친노와 참여연대 등 자칭 진보세력은 박정희를 만악의 근원으로 간주하고 대한민국의 모든 폐해를 '박정희탓'으로 돌리지만 이러한 정치를 이른바 '박정희 알리바이 정치'라고 한다. 난 찬동할 수 없다. 박정희는 정치에 실패한 독재자였지, 그의 경제정책은 탁월했다.

박정희는 철저한 중상주의적 산업정책과 국가 자본을 동원한 철저한 보호무역으로 수출입국을 만들었지, 단 한 번도 자유무역을 한 적이 없다. 따라서 수출입국을 위해 자유무역을 선택했다는 참여정부,[5] 486, 한나라당의 주장은 일고의 가치도 없는 주장이다. 막연하게 자유무역=수출로 등치시키는 건, 혹세무민이다. 특히 새누리당이 "박정희가 자유무역으로 수출입국을 만들었다"고 주장하는 것은 자신들의 조상의 행적을 왜곡하는 것이다.

세계적 경제학자 에릭 라이너트(Erik Reinert)에 따르면, 기원전부터 현재까지 세계 역사에서 '자유무역, 비교우위, 금융'으로 부자 나라가 된 나라는 단 한 나라도 없음을 실증하고 있다.[6] 장하준, 정승일, 김종인 등도 같은 주장을 하고 있다. 심지어 한나라당 총재를 지낸 경제학자 조순 조차도 한미 FTA를 딱 세 문장으로 정리하였다. "에프티에이 입국(立國)? 들어본 적이 없다. 세계 모든 나라와 자유무역협정을 한다고 가정해 보라. 나라는 망하고 말 것이다."[7] 실제 선진국 중에서 가장 개방도가 낮은 나라가 바로 미국과 일본이다.[8] 그래서 미국과 일본이 '부자나라'인 것이다.

에릭 라이너트에 따르면 유럽, 미국, 일본, 한국, 대만, 홍콩(근래 중국까지도) 등 부자가 된 나라는 모두 ▲금융金融 중심이 아닌 생산生産 중심 경제 ▲

---

5) 유시민 전 장관도 그의 책에서 "한미 FTA 협정은 박정희 대통령의 유산"이라고 주장하고 있다 (유시민 著, 대한민국 개조론 27p 이하, 돌베개刊).

6) Erik Reinert著, How Rich countries got rich and Why poor countries stay poor(번역서:부자나라는 어떻게 부자나라가 되었고, 가난한 나라는 왜 여전히 가난한가); Ha-Joon Chang著, Bad Samaritans (번역서: 나쁜 사마리아인들); 장하준, 정승일, 이종태 공저, 무엇을 선택할 것인가(부키, 서울, 2012) 등 참조; 2011/02/18 [한국일보] 장하준 교수 "무역장벽 없애서 부자된 나라 없다"

7) 2006/09/24 [한겨레] [조순칼럼] FTA 입국?

8) 2004년 각국의 개방도 : 한국 35%, 미국 10%, 일본 11%, 중국 35%, 독일 30%. 이상 송병락著, 글로벌 시대의 경제학(서울, 박영사, 2007). p45.

국가의 강력한 시장개입 ▲중상주의(중상주의의 3대 핵심 정책은 산업정책, 정책금융, 보호무역) ▲금융통제 및 제조업 중시,[9] 즉 제조업에 대한 강력한 보호무역 및 강력한 수출 드라이브 정책 ▲정부의 강력한 개입에 의한 '다양한' 제조업의 인위적 양성 및 보호 ▲거점 지역에 인위적 도시 건설 ▲원자재 수출금지(=원자재는 국가 독점하되, 되도록 수입해서 쓴다) ▲리카르도의 비교우위론 배격 및 모방전략(따라잡기 전략) 추구 ▲첨단 제조업 분야에 대한 국가의 강력한 산업정책 ▲농업에 대한 강력한 지원 ▲제조업과 고급 서비스업, 농업과의 연계 확대(예컨대, 네덜란드의 수경농법에는 고도의 컴퓨터 기술이 필요하다) ▲규모의 경제를 통한 거대한 진입 장벽, 불완전 경쟁(자유경쟁 배격) ▲고용안정을 통한 기술혁신 ▲기업가 정신 ▲'불균형 성장'으로 부자 나라가 되었다고 한다. 이런 주장이 경험적, 역사적 사실에 지극히 부합하는 것이다. 그런데 오늘날 미국 주류 경제학은 '경험적으로 옳은 것'은 외면하고, 수학적 기법을 통해 '정밀하게 틀린 것'을 추구하며, 이를 후진국에게 전파하고 있다. 그것이 자국(선진국)의 이익에 부합하기 때문이다.

지금 선진국들이 자유무역, 비교우위, 금융으로 부자가 됐다는 신고전파 주류경제학의 주장은, 후진국이나 개도국이 선진국으로 성장하지 못하도록 가로막는 '사다리 걷어차기'에 불과하다는 것이 에릭 라이너트, 장하준의 일치된 주장이다.[10] 따라서 우리가 부자나라가 되기 위해서는 부자나라들이 1

---

9) 2012/03/20 [시사IN Live] 장하준 "산은 민영화 절대 반대… 금융규제 강화해야"

10) Erik Reinert著, How Rich countries got rich, Why poor countries stay poor p71 ; 장하준著, Kicking Away the Ladder(번역서:사다리 걷어차기) ; Bad Samaritans(번역서:나쁜 사마리아인들). 2011/02/18 [한국일보] [직격 인터뷰] 장하준 교수 "무역장벽 없어서 부자된 나라 없다." 英

인당 국민소득 28,000달러 시절에 펼쳤던 정책을 따라해야지(지금 우리나라의 1인당 GNI가 약 28,000달러이기 때문이다), 이미 부자가 된 나라의 현재 정책을 따라 해선 곤란하다.

중소기업이 삼성과 자유경쟁하면 이길 수 있나? 슈퍼마켓이 이마트하고 자유경쟁하면 이길 수 있나? 터무니없다. 용기를 갖는 것은 가상한 일이지만 만용은 곤란하다. 자유경쟁은 이미 선진국이 된 미국이 후진국을 순치시키기 위해 정치철학책에 쓴 공론空論일 뿐이다. 에릭 라이너트에 의하면 환율 전쟁은 투기 이득을 유도하지만 관세는 생산을 증대시키는 경향이 있다고 갈파했으며, 보호무역의 아버지 에이브러햄 링컨은 "왜 그런지는 모르겠는데, 고율의 관세로 인해 우리 농민들은 모든 물품을 싸게 살 수 있다"고 했다.[11] 자유무역에 대한 환상을 버려야 한다. 더구나 우리나라 같은 소국이 초강대국(미국, 중국, EU, 일본 등)과 자유무역을 한다고 초강대국을 이길 수도 없고,[12]

케임브리지대 경제학과 교수 "외국자본도 고삐 조여야"/성장동력은 금융 아닌 제조업/금융국가 허상 좇다 여럿 망해/동북아 금융허브? 그것도 허상/복지는 유럽식 보편적 형태로/국민이 같이 계 들어 보험 드는 식/제대로 하려면 세금 더 걷어야; 2010/12/27 [연합뉴스] 장하준 "한미FTA, 진정한 자유무역 아니다"

11) Erik Reinert著, How rich countries got rich, Why poor countries stay poor, p 58.

12) 우리 경제가 세계 200여개 국가 중 13~14위권인데, 언제까지 보호무역할거냐는 분들이 계신데, 서로 다른 개념을 비교하면 곤란하다. 우리가 세계 200여개 국가 중 13위권이라는 것은 '초강대국과 1:1 자유무역'이 아닌 WTO의 '다자간 자유무역 체제'하에서 그렇다는 것이다. 다자간 자유무역에서 200여개 국가 중 13위 한다고 해서, 13등이 1등과 1:1 FTA로 경쟁에서 승리할 수 있을 것 같은가? 세계 200여개 국가 중, 5개 나라(미국, 중국, 일본, 독일, 프랑스)의 GDP가 세계 GDP의 50%를 차지한다. 나아가 저 5개 국가가 생산한 세계 GDP의 70%는 미국과 중국이 생산하는 것이다. 요컨대, 200여개 국가 중 초강대국 G2(미국, 중국)를 제외한 3, 4, 5등(일본, 독일, 프랑스)도 G2와 현격한 차이가 나며, 이들 5등 안에 드는 국가와 10등 밖에 있는 국가도 현격한 차이가 난다. 200명 중 13등 한다고 미국, 중국, EU와 FTA해도 이길 수

이겨서도 안 된다. 그게 수천년 국제정치의 현실이고 이는 향후 수천년이 흘러도 변치 않는다.

참여정부는 2007년 8월 한미 FTA 타결 공신들과 청와대에서 잔치를 했다.[13] 그리고 불과 1년 만인 2008년 9월 리먼이 파산하자, 2008년 11월 노무현 대통령은 '한미 FTA 재협상'을 주장했다. 이처럼 고작 1년도 내다보지 못하는 정치인이 무슨 지도자인가? 이런 정치세력을 국민이 어떻게 신뢰할 수 있겠는가? 참여정부가 한미 FTA를 '체결'만 하고 정치 일정에 쫓겨 '비준'을 못한 게 천만다행이지,[14] 만약 참여정부에서 비준까지 끝냈다면 한국 경제는 2008년 리먼 파산과 함께 몰락했을 것이다. 상상만으로도 끔찍한 일이다. 경제학자 조순이 리먼 파산 이전인 2006년 9월 4일 한겨레에 기고하여 참여정부에게 진지하게 충고한 글의 일부를 싣는다.

> 나는 미국에서 공부하고 대학에서까지 가르친 사람이지만, 지금의 미국 거시 미시 경제정책에는 우리가 참고할 것이 별로 없다고 보며, **한-미 자유무역협정으로부터도 얻을 것이 많지 않으리라고 본다.** 세계 최대의 시장이라는 말에 **현혹되지 말아야 한다. 나는 미국의 자본주의가 1980년대 이후 불건전한 방향으로 흐르고 있는 데 대해, 세계적인 관점에서 우려한다.** 이 견해의 일단은 내가 한국경제학회에서 발표한 바 있다.

있다는 주장은 지나치게 막연한 환상이다.

13) 2007/08/28 [프레시안] 한미 FTA, 그리고 8월 28일 청와대 풍경

14) 2007/08/28 [연합뉴스] 노대통령 "한미FTA 비준 반드시 성공시켜야"

내 말을 믿기 어렵거든, 앨빈 토플러의 최근 저서 〈부의 미래〉(한국어 번역판)를 읽어보라. 미국 시스템의 '내부 폭발'에 관한 그의 의견은 나의 견해보다 더 신랄하다. 거기에는 미국 문화의 변화와 한-미 자유무역협정에 관한 나의 의견을 뒷받침하는 대목이 많이 있다. 토플러는 이렇게 쓰고 있다. **"미국 근로자들은 붕괴된 가정과 학교, 의료제도와 씨름하고, 부도덕한 금융기관에 돈을 빼앗기면서 인생을 보낸다."** 또, **"대다수 사람들이 전세계에 미국이 미치는 영향력이 줄어들고 있다고 믿는 바로 지금, 미국의 중추적 제도의 기반에는 체계적인 붕괴가 나타나고 있다."**[15)]

치외법권을 인정한 것이나 다름없는 한미 FTA의 ISD제도

2015년 5월 서울 동대문에서 미국인 영어 강사가, 한국인 운전자가 차선을 바꾸어 자신의 진로를 방해했다며 보복운전하고 폭행하는 사건이 벌어졌다. 경찰에 검거된 이 미국인 강사는 "시카고에서는 진로를 방해한 사람을 폭행하는 일이 흔하다. 미국에서는 합법이다"라며 우겼다고 한다.[16)] 물론 어처구니없는 주장이다. 이 미국인의 주장처럼 터무니없는 제도가 바로 한미 FTA의 'ISD제도'이다.

로마에 가면 로마법을 따르는 것이고, 한국에 왔으면 한국법을 지켜야 한다. 그러나 참여정부가 체결하고 MB가 비준한 한미 FTA의 ISD제도는 "로마에 가면 로마법을 따라야 한다"는 인류 보편의 상식을 정면으로 뒤집는 제도이다.

---

15) 2006/09/24 [한겨레] [조순칼럼] FTA 입국?
16) 2015/05/22 [연합TV뉴스] "시카고에선 흔한 일"…보복운전 미국인 영어강사 검거

ISD(Investor-State Dispute) 제도는 '투자자-국가 소송제도'를 뜻한다. 우선 이 용어 자체가 어렵다. 한미 FTA의 모든 내용과 용어가 이렇게 어렵다. 우리나라에는 없는 '미국 제도'이기 때문이다. 그래서 아무리 얘기를 해도 이 제도의 위험성을 국민들은 잘 모른다. 이는 1876년 한일 FTA 조약(강화도조약) 제10조에 규정된 이른바 '영사재판권'을 현대화한 것으로 사실상 치외법권을 인정한 것이나 다름없는 제도다.

일반 대중을 상대로 한 책이기 때문에 이 제도가 법리적, 국제법적으로 왜 부당한지에 대하여는 언급하지 않겠다. 쉽게 말하겠다. ISD제도는 한 마디로, 한국 정부의 정책이 한국에 투자한 미국 투자자(헤지펀드, 개인, 법인 포함)의 이익을 침해하는 경우, 미국 투자자는 한국 정부를 워싱턴 세계은행 산하에 있는 재판소(이 중재재판소를 ICSID라 한다)로 끌고 가 손해배상을 청구할 수 있는 제도를 말한다. 우리나라 국민은 정부 정책 변화로 인해 손해를 입었다 해도 그 정부 정책이 '위법행위'가 아닌 한 한국 정부를 상대로 손해배상을 청구할 수 없다(이건 당연한 거다). 그러나 미국 투자자는 한국 정부를 상대로 손해배상을 청구할 수 있다. 나아가 이 ISD제도는 미국 투자자가 → 국가(한국 정부)를 상대로만 소송이 가능하고, 반대로 국가(한국 정부)는 → 미국 투자자를 상대로 소를 제기할 수 없다. 이게 ISD제도다.

국민은 먹고 살기 바빠서 아무도 관심 없지만, 한국에 투자했던 대표적 '먹튀 펀드' 론스타는 이미 한국 정부를 ICSID로 끌고 가 지금 워싱턴에서 재판이 진행 중이다.[17] 이 '듣보잡' 사모펀드가 한국 정부의 '부당한 조세 정책'으로 인해 손해를 입었다며 한국 정부를 상대로 손해배상 청구한 금액이 무려 43억 달러다.[18] 이 액수가 얼마나 큰 금액인 줄 아는가? 작년(2014) 한 해 대한민국 산업 역군들이 공장에서 산재 당하면서, 그리고 OECD 압도적 1위의 근로시간을 감수하면서 벌어들인 무역흑자가 474억 달러다.[19] 론스타는 작년 한국 전체 무역흑자 금액의 무려 '1/10'에 이르는 금액을 소송 한 방으로 내놓으라는 것이다. 이게 노명박 정권이 주장한 '글로벌 스탠더드'다. 행복한가?

한국에 투자한 미국인 투자자들은 한국법·제도, 한국 정부 정책을 준수하여야 함에도 불구하고, 거꾸로 한국법·제도, 한국 정부 정책이 미국 투자자의 눈치를 보게 된 것이다. 그렇게 되면 한국 정부는 대체 어느 나라 사람을 위한 정부란 말인가? 이게 누구를 위한 FTA란 말인가?[20]

한국 사람이 미국에 가서 사업을 하겠다면 미국법과 관습을 준수해야 한다. 미국 사람이 한국에 와서 사업을 하겠다면 한국법과 관습을 준수해야 한다. 이 상식만 준수하면 ISD제도는 필요 없는 것이다. 서울대 외교학과 명예

---

17) 2015/01/24 [경향신문] 론스타-한국 '투자자소송' 재판 5월 워싱턴서.
    물론 론스타의 소 제기는 한미 FTA에 근거한 것이 아니라 한-벨기에 투자보호 협정(BIT)에 근거한 것이긴 하지만, ISD제도의 본질은 다를 바 없다. 나아가 한미 FTA의 ISD제도는 한-벨기에 투자협정에 근거한 ISD제도보다 훨씬 더 불리한 내용을 포함하고 있다.
18) 2015/01/25 [조선일보] 韓정부-론스타 심리 5월 진행....론스타 요구액은 4.6조
19) 2015/01/01 [조선Biz] 작년 무역흑자 474억 달러....2년 연속 무역 트리플크라운
20) 2013/12/27 [경향신문] '한미 FTA 덫'에 걸린 한국···정책마다 제동
    2015/10/01 [중앙일보] ISD 파상공습으로 몸살 앓는 한국

교수 김용구에 따르면, 19세기 식민지 시절 '치외법권 제도(영사재판제도)'는 식민지를 식민지 모국에 종속시키기 위한 최우선의 법적 장치였다고 한다.[21] 즉, 한 국가가 자국 내에서 벌어진 특정 외국인과 법적 분쟁을 자국 사법부가 해결하지 못하고 그 특정 국가의 영사에게 재판을 맡기는 것은 식민지의 출발이라는 뜻이다. 영사재판제도를 현대화한 ISD제도를 두고 '글로벌 스탠더드'라고 칭한다면 식민지도 (패권 국가들이 만든) '글로벌 스탠더드'다.

제2차 세계대전 이후 폐기된 치외법권은 이제 'ISD제도'로 옷을 갈아입었다. 이제 참여정부가 체결하고 MB가 비준한 한미 FTA에 따라, 우리 국회가 시도하는 입법사항[22]이나 정부 정책이 한미 FTA에 위반하는지 여부가 쟁점이 되어 워싱턴에 있는 ICSID에서 판단을 받고, 그 결정에 따라 정책이나 법률의 이행 여부가 결정되게 되었다. 이것이 입법 주권, 정책 주권을 유린한다는 것은 명약관화하다. 중소기업 보호를 위한 법률을 만들려고 해도, 영세 자영업자를 보호하기 위한 법률을 만들려고 해도, 금연을 강화하는 법률을 만들려고 해도, 보편적 복지 확대를 위해 건강보험 보장성을 강화하려고 해도, 미국 투자자의 이익을 침해해서는 안 된다. 그럴 경우 ICSID로 끌려갈 수 있다.

2010년 4월 서민들의 골목상권을 보호하기 위한 '유통산업발전법'과 '대중소기업상생법'(이 둘을 '유통법'과 '상생법'이라 한다)의 입법을 시도했으나, 한미 FTA에 어긋난다는 이유로 실패한 바 있다. 노무현 대통령과 MB로부터

---

21) 김용구著, 세계관 충돌과 한말 외교사 1866~1882(서울, 문학과지성사, 2004), p. 207.
22) 2012/10/03 [경향신문] 마힌드라, 쌍용차 청문회 이유로 ISD 제소 가능할까

총애를 받은 김종훈 외교통상부 통상교섭본부장이, 위와 같은 상인보호법이 통과될 경우 미국기업이 한국 정부를 ISD로 제소할 것이 확실하기 때문에 통과시켜서는 안 된다고 주장한 것이다.[23] 김종훈의 반대로 무산된 이들 법률은 그해 6월 지방선거에서 한나라당이 참패하자, 결국 2010년 11월 한나라당은 백기를 들고, 우여곡절 끝에 통과될 수 있었다.

2011년 6월 국토해양부가 '건설기계 총량제'를 실시하려고 했다. 전국에 굴삭기 한 대로 먹고 사는 사람이 약 12만 명이다. 그런데 4대강 공사로 이 숫자가 급작스럽게 늘어나 출혈경쟁이 심해지자, 이들을 보호하기 위해 굴삭기가 더 이상 늘어나지 않도록 수급조절을 시도한 것이다. 그러나 외교통상부가 (아직 비준도 되지 않은) 한미 FTA 위반이라며 반대하는 바람에 없던 일로 됐다. "한미 FTA와 충돌한다"는 이유로 서민을 보호하기 위한 건설기계 수급조절 제도도 도입하지 못한다면, 대체 대한민국 정부는 왜 존재하는건가? 헌법 119조 2항에 따라 정부가 마땅히 개입하여야 할 상황임에도 불구하고, 한미 FTA에 반한다는 이유로 정부가 개입하지 못하는 것이다. "대한민국 헌법 위에 한미 FTA가 존재한다"는 비판이 있는 것도 이런 이유 때문이다.

2014년 미국 무역대표부(USTR)는 한국 동반성장위원회가 중소기업을 보호하기 위해 규정한 중소기업 적합업종을 서비스 장벽 중 하나로 지적하고 나섰다.[24] 한마디로, 한국 정부의 '중소기업 적합업종'이라는 규제가 시장의

23) 2011/11/21 [한겨레] FTA와 충돌한다며…'상인보호법' 막아선 김종훈
24) 2014/04/09 [민중의 소리] 정책주권 훼손 확인해준 USTR 보고서

자유를 방해하고 한미 FTA에 어긋날 수 있으니 폐지하라는 강요인 셈이다.

이처럼 한미 FTA로 인해 한국 국민을 위한 정부 정책이 미국 투자자의 이익을 침해하는지부터 따져봐야 하는 비루한 처지가 된 것이다. 그리고 미국 투자자들은 한국 정부의 정책에 대해 언제든지 한미 FTA 위반을 이유로 한국 정부를 ICSID로 끌고 가 손해배상을 청구할 수 있게 된 것이다. 이런 터무니없는 제도를 '글로벌 스탠더드'라고 주장하는 친노들 보면 답이 없다. 게다가 저런 세력이 개혁을 참칭하고 있으니 참으로 통탄할 일이 아니겠는가?

참여정부는 2007년 4월 5일 청와대 브리핑을 통해 "ISD반대는 세계화하지 말자는 것으로, ISD제도에 대해 독소조항이라고 하는 주장은 왜곡 선동이다"라며 MB 정권과 다를 바 없는 논평을 냈다.[25] (참고로 '세계화'는 YS 정권의 용어다. 참여정부는 YS의 용어를 그대로 사용했다. 후술하겠지만, 이게 친노의 진심일 것이다). 그런데 문재인 후보는 2012년 'ISD폐기'를 대선 공약으로 내세웠다. 불과 5년도 내다보지 못하는 이런 집단을 국민이 어떻게 신뢰할 수 있겠는가? 이처럼 친노 세력은 여당일 때는 찬성했다가 야당으로 전락하자 아무런 해명도 없이 반대로 돌아선 것이다.[26] 그렇다면 다시 여당이 되면 찬성으로 돌아설 건가? 새누리당은 여당일 때든 야당일 때든 일관성이라도 있지 않은가? 친노가 왜 항상 실패하는지, 다 그럴만한 이유가 있는 것이다.

---

25) 2007/04/25 [청와대 브리핑] ISD 반대는 세계화 하지 말자는 것
26) 2012/10/12 [연합뉴스] 김종훈 "문재인 한미FTA 입장 갈지자"
   2012/10/10 [주간경향] [특집 문재인 바로보기] 참여정부 정책 공과 오락가락 말바꾸기

참여정부는 투명했다?

"참여정부가 실정도 있었지만 그래도 참여정부는 (군사정부나 이명박근혜처럼) 국민을 속이지 않고 투명했다"고 주장하는 친노들이 더러 있다. 택도 없는 소리다. 미국과 관련한 참여정부의 모든 협상[27]은 새빨간 거짓말과 철저한 비공개로 일관됐다. 이 점 참여정부, MB 정부, 박근혜 정부는 한 치의 차이도 없다. 노명박근혜는 '4대강' 하나를 제외하곤 아무런 차이가 없다.

참여정부는 한미 FTA 협상을 위한 '권리금 명목'으로 미국이 요구하는 4대 선결 조건(스크린쿼터 축소, 약값 재평가 중단, 쇠고기 수입 재개, 자동차 배기가스 규제기준 완화 등)을 굴욕적으로 수용하고도, "절대 그런 일 없다"고 강짜를 부리다가, 결국 시인하고 말았다.[28]

정상적인 민주정부라면, 한미 FTA가 체결되기 이전에 협상 진전 내용을 국회에 보고하여 우리의 국익을 반영할 지혜를 모아야 한다. 미국은 그렇게 한다. 그러나 참여정부는 한미 FTA협상 진행 상황 및 정보를 철저하게 '대외비'로 하며 국민을 우롱했다.[29] 조약 원문은 협상이 끝날 때까지 국회의원들

---

27) 주요한 것으로 한미 FTA 협상, 주한미군 전략적 유연성 협상, 용산기지 이전 협상, 미군기지 환경오염 치유비용 협상 등이 있었다. 이들 협상 모두 한반도의 운명을 가르는 중대 협상이었으며, 천문학적 혈세가 투입되는 협상이었다.

28) 2006/07/23 [프레시안] "아직도 노대통령 말장난에 속을 줄 아나"
    2006/07/23 [경향신문] 논란 증폭시킨 한미 FTA 선결조건 해명
    2006/07/21 [머니투데이] 盧대통령 "한미FTA 4대 선결조건 표현 수용"

29) 2006/05/19 [프레시안] [단독입수] "미국기업에 한국정부 제소권 보장"

에게도 철저하게 비공개했다. 2007년 4월 2일 '한미 FTA 타결'을 선언하고 나서야, 4월 20일 국회의원에게 공개했다. 이때 참여정부는 한미 FTA 708p 영문 협정문을 ▲국회의원에게 자료 외부 유출 금지 서약을 받을 것 ▲열람장 내에 감시용 CCTV 설치할 것 ▲컴퓨터 모니터로만 열람할 것 ▲열람내용의 메모는 금지할 것 ▲국회의원과 보좌진 1인에 한하여 열람을 허용할 것 등의 조건을 걸고 열람을 허용하였다.[30]

영어 원문으로 된 708p의 방대한 한미 FTA 협정문을, 출력도 못하고 '모니터'로만 보라고 하면 친노들은 그 내용을 알 수 있겠나? 게다가 일반 영문도 아니고 국가의 운명을 가를 '법률 조문'이다. 법이라는 게 아! 다르고 어! 다른 것인데, 저걸 모니터로만 보라면 아무리 영어를 잘하는 전문가라도 이해할 수 있겠는가? 이는 사실상 비공개한 것이나 다름없다. 이게 참여정부의 투명성(?)이었다. 실제 저 열람은 국회의원 300명 중 한나라당 김양수 의원, 열린우리당 최재천 의원만이 형식적으로 20분 열람하고 말았을 뿐 아무도 열람하지 않았다. 만약 MB 정권, 박근혜 정권에서 이렇게 했어 봐라. 이른바 '깨어 있는 시민'들이 촛불 들고 난리를 치지 않았겠나?

심지어 참여정부는 참여정부의 최대 업적인 한미 FTA와 한미일 3각 동맹에 사사건건 반대하였던 최재천 의원에 대해 별건 수사에 착수하였고,[31] 한미 FTA기밀 유출 혐의로 최재천, 심상정 의원실을 압수수색하는 등, 박정희 때나 가능했

---

30) 2007/04/20 [연합뉴스] 한미FTA 협정원문 열람 원성
31) 2007/06/22 [한겨레] 검찰, 최재천 의원 '알선수재' 적용 검토

던 만행을 저질렀다.[32] 만약 박근혜 정권에서 친노 새민련 국회의원 의원실의 전화와 팩스를 압수수색했다면, '깨어있는 시민들'께서 가만히 있겠는가? '유신의 부활'이라고 난리치지 않았겠나? 참여정부는 한나라당 정권과 다를 바 없었다. 친노가 항상 패배하는 데에는 다 그만한 이유가 있는 것이다.

참여정부의 한미 FTA는 착하고, MB의 한미 FTA는 나쁘다?

친노들이 이런 얘기할 때마다 내가 드는 생각은 한 마디로 "답이 없다"는 것이다. 그들은 합리적 대화 상대가 아니다.

한미 FTA는 농업, 섬유, 의약품, 의료기기, 위생, 투자, 서비스, 금융, 통신, 정부조달, 지적재산권, 노동, 환경, 무역구제, 기술장벽까지 총체적으로 망라한 '단군 이래 최대 조약'이다. 이를 다 설명하자면 주석서 몇 권이 나와야 한다.

핵심만 말하겠다. 한미 FTA는 눈에 보이고 손에 잡히는 '상품 시장' 개방의 문제가 아니다. 상품시장 개방은 이미 19세기 '성경책'과 아담 스미스(A. Smith)의 '보이지 않는 손 이론'과 '총칼'을 든 유럽에 의해 아시아가 식민지화 되면서 개방됐다. 당시 극동의 '은자의 왕국'이었던 조선도 일본에 의해 터무니없는 조건으로 강제 개방 당했다(1876년).

그러나 오늘날 한미 FTA는 상품시장 개방보다 시장 사이즈가 훨씬 큰 '서비스

---

32) 2007/08/03 [프레시안] 검찰, 심상정−최재천 전화 팩스 내역 압수수색

시장' 개방을 목적으로 하는 것이다. 즉 19세기 FTA가 상품시장(그 중에서도 공산품) 개방에 그 목적이 있었다면(우리는 국사 시간에 이를 제국주의 침략이라고 배웠다),[33] 오늘날 FTA는 훨씬 진화하여 상품시장(오늘날은 공산품 외에 농축산물을 포함하고 있다)은 당연히 포함되고, 나아가 '서비스 시장'까지 개방시키는 데 목적이 있다. 그래서 오늘날 FTA는 관세 인하로는 부족하고(관세는 물건, 즉 상품에 붙는 것이지 서비스에 붙는 것이 아니다), 그 나라의 법과 제도, 문화, 사고방식을 개조시켜야 한다. 문화와 사고방식이 바뀌어야 '서비스 시장'을 개방할 수 있기 때문이다. 그래서 미국은 자국의 통상법을 한미 FTA에 그대로 이식해 놓은 것이다. 이 서비스 시장 개방이 한미 FTA의 핵심이며, 이 서비스 시장의 시장 사이즈가 상품 시장보다 훨씬 크다는 점을 인식해야 한다.[34]

세계사에서 전쟁으로 패전한 국가나 식민지를 제외하고, 참여정부처럼 자국의 '상품시장'과 '서비스 시장'을 자발적으로 일시에 '전면 개방'한 나라는 없다. 앞으로도 없을 것이다. 기가 막힐 노릇이다. 시장 개방은 '전략적, 제한적, 선별적'으로 해야 국익에 도움이 되는 것이지 이 같은 '전면 개방'은 국가를 몰락으로 이끄는 것이다.

---

33) 19세기 불평등 조약체제는 서구자본주의 열강이 **상품과 자본 수출의 장벽을 제거하기 위해 자유무역을 내세우며** 그에 저항하는 아시아 아프리카 국가에 **불평등조약을 강요**함으로써 **조약 당사국의 각종 주권을 제약**하는 국가간 조약체제이다(새로운 한국사 길잡이 제3판, 불평등조약체제와 경제정책 추이 115p, 지식산업사刊).

34) 서비스시장은 금융(은행, 보험 포함), 운송, 여행, 통신, 방송, 소프트웨어, 음악, 법률, 회계, 택배, 건설, 정부조달, 전자상거래 등 뿐만 아니라, 미국측 USTR자료에 따르면 "에너지, 환경, 헬스케어, 교육"도 서비스로 언급하고 있다. 결국, 쉽게 말해서, 서비스는 "상품시장의 여집합"이라고 할 수 있다. 상품 이외의 모든 것은 다 서비스라고 보면 맞다.

따라서 우리가 한미 FTA의 매국적 독소조항으로는 언급하는 것은 '관세 몇 퍼센트'의 협상이 잘못됐다는 게 아니다. 관세는 환율 정책으로도 일정 정도 커버할 수도 있고, 기술 혁신을 통해 선진국과 당당하게 경쟁하겠다고 하면 수긍 못할 바도 아니다. 우리가 지적하는 독소조항은 주권을 유린하며 '전면 개방'을 제도화 한 다음과 같은 것들을 말하는 것이다. 즉 ▲사실상 치외법권을 인정한 것이나 다름없는 ISD제도 ▲미래 최혜국 조항 ▲자동차 분야의 스냅백 제도 ▲섬유 분야의 원산지 인정 기준인 얀포워드 ▲무역구제 분야의 악랄한 제로잉 제도 ▲개성공단 제품 원산지 인정 사실상 불가 규정 ▲래칫조항(역진방지조항) ▲서비스 분야의 네거티브 열거방식 개방(포괄적 개방) ▲한국 헌법상 존재하지 않는 미국식 재산권 개념 도입(합리적 기대이익, 간접수용) ▲비위반 제소 ▲의약품 허가-특허 연계제도 ▲한미 FTA의 불평등성을 제도화한 미국의 한미 FTA이행법 ▲미국의 대한민국에 대한 내정 간섭 통로인 각종 한미위원회 제도 신설 ▲영토고권을 침해하는 해양과학조사 등이다.

참여정부가 체결한 이러한 각종 매국 조항들은 씨줄과 날줄로 엮여 대한민국의 주권, 정책을 총체적으로 유린할 것이다. 이들 한미 FTA의 매국적 독소조항들은 100% '참여정부'가 수용했다.[35] MB가 한미 FTA를 재협상 하면서도 참여정부가 수용한 위 매국조항은 '일점일획'도 고치지 않았다. MB는 자동차, 양돈, 제약 분야만 재협상했을 뿐이다.[36] 따라서 참여정부의 한미 FTA는 착하

---

35) 2007/12/29 [MBN] 대통령-당선자, "FTA 비준 위해 최선"
   2008/02/18 [이데일리] 盧대통령-李당선자 "한미FTA 비준 협조"
   2008/02/18 [국정브리핑] 노 대통령-이 당선인 "한미FTA 2월 처리 협력"
36) 2010/12/05 [한국일보] [한미 FTA 재협상 타결] 한국, 뭘 얻었나

고, MB의 한미 FTA는 나쁘다는 친노들의 주장은 새빨간 거짓말이다. 친노는 자신들의 과오를 MB에게 덤터기 씌우고, 정치생명을 구차하게 연장하기 위해 MB를 팔아 적대적 공존했을 뿐이다. MB는 참여정부의 한미 FTA를 충실하게 이행한 죄(?) 밖에 없다.

MB의 한미 FTA 재협상에서 가장 눈에 띄는 것은 상품시장 중 자동차 시장의 전면 개방을 5년 늦춘 것인데, 그게 오히려 한국 자동차 산업 보호를 위해 더 잘한 일이라고 본다. 나아가 박근혜 정부는 한중 FTA에서 '자동차 시장 개방'을 아예 제외하여 자동차업계의 환영을 받기도 했다.[37] FTA만 놓고 본다면 MB와 박근혜 정부가 참여정부보다 낫다.

이들 외에도 얼마나 더 많은 독소조항이 있는지 사실 지금으로선 그 누구도 장담할 수 없다. 법이라는 게 시행하다보면 망외의 독소조항이 드러나기 때문이다. 더구나 한미 FTA는 우리에게 전혀 생소하고 낯선 미국 통상법을 그대로 이식한 것이기 때문에 더더욱 그렇다.

한국 최초의 FTA였던 강화도조약은 단 11개 조항으로 단 35년 만에 한국을 식민지화시켰다. 그런데 한미 FTA협정문은 국문본 762p, 영문본 708p 합 1,470p이다(우리나라에서 가장 조문이 많은 민법이 1118조로, 글자 크기에 따라 차이가 있지만 대략 50~100p 밖에 안 된다). 그만큼 한국을 미국의

2010/12/05 [한국일보] [한미 FTA 재협상 타결] 한국, 뭘 내줬나

37) 2014/11/10 [경향신문] 한중 FTA에서 자동차는 빠져…업계 '환영'

경제 체제에 '거부감 없이' 통합할 수 있도록 예리하고 촘촘하게 엮어놓았다.

기막힌 건, 저 한미 FTA 전문 약 1,500p 전체를 다 읽어본 사람은 대한민국에 채 10명이 안 된다는 게 정설이다. 그렇게 번갯불에 콩 굽듯 '고작 14개월' 만에 한미 FTA를 전두환식으로 체결하여 미국 통상법을 그대로 한국 헌법 위에 이식한 것이 참여정부다. 일개 기업의 매각 작업도 몇 년이 걸리는 경우가 허다한데, 한 국가의 운명을 가를 정치경제통합조약을 고작 14개월 만에, 그 내용이 뭔지도 모르면서 체결했으니 통탄할 일이다. 관세가 뭔지도 모르고 1876년 한일 FTA조약(강화도조약)을 체결한 우리 조상과 뭐가 다른가?

정동영의 처절한 반성과 문재인의 한가함

한미 FTA의 주권 유린적 성격을 가장 예리하게 파악하고 있는 몇 명 안 되는 정치인 중 하나가 바로 정동영이다. 물론 그가 처음부터 한미 FTA를 반대한 것은 아니다. 그도 처음에는 우리 현대차가 미국에서 달리고 있듯이, 미국산 자동차가 서울에서 달리는 정도로 한미 FTA를 인식했다고 한다.

정동영은 2008년 월가가 무너지는 것을 보고 한미 FTA가 신기루에 불과했다는 것을 깨달았다고 한다. 그때의 느낌을 '망치로 뒤통수를 때려 맞은 듯한 충격'이라고 묘사했다. 그리고 그는 자신의 과오에 대한 반성과 책임감으로 2009년 보궐 선거에서 당선된 뒤 민주당에 복당하여, '한미 FTA 10개 독소조항 폐기를 위한 재협상'을 당론으로 이끌어냈다.

친노들은 2011년 11월 한미 FTA 날치기 비준 정국에서 그 누구도 몸을 던져 반대하지 않았다. 본인들이 싸지른 오물을 정동영이 열심히 치우는 동안, 친노들은 시민통합당을 만들어 민주당과 통합에만 혈안이 돼 있었다. 권력욕 하나만 족탈불급이었다. 100보 양보해서 정동영도 참여정부의 한미 FTA 체결에 대해 면책 대상이 아니라고 치자. 그래도 그는 반성이라도 하고 반대를 위해 풍찬노숙이라도 했다. 친노들 중 그런 사람이 누가 있나?

1876년 한국을 망국으로 이끈 강화도조약에서 한국 측 협상대표로 나선 신헌은 FTA가 뭔지 전혀 몰랐다. 정태인에 따르면, 참여정부에서 한미 FTA 협상대표였던 김종훈 역시 경제도 모르고 통상도 모르는 사람이며, 2006년 당시 가트도, 나프타도 전혀 이해하지 못했던 사람이라고 언급한 바 있다.[38] 이처럼 130년 전이나 지금이나 어떻게 그렇게 똑같은지 소름이 돋을 지경이다. 1876년 한일 FTA(강화도조약) 체결 당시의 모습을 보자.

조약 체결에 나선 조선 측 대표 신헌은 무관으로서 통상외교가 무엇인지도 몰랐다.
일본의 수행원이 조선에서의 통상과 관련해 일본의 화폐제도를 설명하려하자
"사대부는 덕치에 대해서나 생각하지 통상같은 천한 문제에는 관심이 없다"며
알아서 하라는 식의 태도를 보였다. 그는 또 노동을 모른다며 증거로 자신의 길게
기른 손톱을 일본 측 대표들에게 보여주기도 했다. 나중에 신헌은 조약을 맺고 나서
고종으로부터 수고했다는 격려와 함께 무위도통사라는 벼슬까지 제수받고 1882년
미국과의 통상교섭 대표자로 나섰으니 한심한 일이라 하지 않을 수 없다(강준만著,

---

38) 2010/10/26 [정태인 블로그] "마이 컸다" 김종훈

한미 FTA를 체결한 참여정부는 다른가? 한국에서 한미 FTA는 '법률'과 똑같은 대접을 갖는다(헌법 6조). 그런데 한미 FTA는 그 내용에 있어서는 대한민국의 헌법을 침해하는 위헌 조항으로 가득하다. 그 결과 하위법률인 '조약(한미 FTA)'이 상위법인 대한민국 '헌법'을 침해하게 되었다. 그러나 미국에서 한미 FTA는 미국 헌법, 법률, 주헌법, 주법률, 관습법에 합치되는 범위 내에서만 유효하다.[39] 이처럼 똑같은 한미 FTA가, 미국과 한국에서의 법적 지위가 다르다. 쉽게 말해서 한국은 한국 헌법을 무시하면서 한미 FTA를 준수해야 하지만, 미국은 본인들 법령에 어긋나면 무시해도 그만이고, 본인들의 법령에 합치되는 범위 내에서만 준수하면 되는 것이다. 이 개명된 세상에 이런 '불평등조약'이 어디 있단 말인가? 억장이 무너질 일이다.

중앙진흥교육연구소에서 발간한 고등학교 한국 근현대사 교과서에는 「강화도조약은 조선의 주권을 침해한 불평등조약으로, 일본이 통상 교역의 경제적 목적을 넘어 침략의 거점을 확보하려는 경제적, 군사적 목적을 띠고 있었다」고 서술하고 있다.[40] 불평등조약이 별 게 아니다. 한미 FTA처럼 사실상 치외법권

---

39) 2011/10/17 [주간경향] 송기호, 한미 FTA 낯설고 이상한 괴물 ; 2011/11/25 [프레시안] 한미 FTA 발효도 날치기하려는가?
　「No provision of the Agreement, nor the application of any such provisions to any person or circumstances, which is inconsistent with any law of the United States shall have effect.(102조 a) - 미국의 어떠한 법률과도 어긋나는 한미 FTA의 규정과, 그것의 어떠한 사람이나 어떤 경우에서의 적용은 무효이다.」
40) 주진오, 신영범, 김진규, 민병관, 조동근 共著, 고등학교 한국근현대사(2008, 중앙진흥교육연구소刊), p48.

제도나 다름없는 ISD 제도를 수용하고, 일방 국가(한국)만 협정문을 헌법 이상으로 준수해야 할 의무를 부담하는 것이 바로 불평등조약이다. 난 100년 후 후세 사가들은 「한미 FTA는 대한민국의 주권을 침해한 불평등조약으로, 미국의 경제적 목적을 넘어 욱일승천하는 중국을 견제하기 위한 거점을 확보하려는 정치적, 군사적 목적을 띠고 있었다」라고 서술할 것이라 확신한다.

그런데 문재인 대표와 유시민 전 장관은 한미 FTA 협정이 한미 간 법적 지위가 불평등한 '불평등조약'이라는 사실을 몰랐다고 자백한 바 있다. 유시민 전 장관은 2011년 한미 FTA 반대 집회 연설에서 이 사실을 고백했고, 문재인 대표는 '나꼼수'에 출연하여 이를 고백했다. 난 이런 고백을 듣고 깜짝 놀랐다. 나뿐만 아니라 많은 사람들이 깜짝 놀랐다. 한미 간 한미 FTA의 법적 지위의 불평등성 문제는 이미 참여정부 시절 민변에서 수차례 문제제기한 사안이었다.[41] 그런데 몰랐단다. 알려줘도 몰랐다니 무슨 할 말이 있겠는가? 그때는 몰랐다가, 정권 잃고 나서 MB가 한미 FTA 비준안을 날치기 하는 상황이 되어서야 그 불평등성을 알았다는 것이다. 이 얼마나 기가 막히고 통탄할 일인가? 저런 자들이 참여정부의 2인자였다. MB는 자유롭게 비판하면서 본인들 반성에는 철저하게 인색하다. 그러니 국민들이 친노 세력을 신뢰하지 않는 것이다.

130년 전 강화도조약 협상대표로 나선 신헌이 "사대부는 통상 같은 천한 문제에는 관심 없다"는 자세로 협상에 임한 것이나, 한미 간 FTA협정의 법적 지위가

---

41) 2007/08/30 [프레시안] "저도 돈 되는 일을 하던 변호사였습니다."
　　[현장] 송기호 변호사, 법정에서 '한미FTA 문제점' 증언

다른 불평등조약이라는 사실을 몰랐다는 참여정부 2인자들이나 뭐가 다른가?

아직까지도 문재인 대표나 친노는 한미 FTA의 깡패식 체결에 대해 반성이나 사과 논평을 낸 바 없다. 그 시절 한명숙 총리의 담화와 경찰의 강경 진압은 MB나 박근혜 정부를 능가했으면 능가했지 뒤지지 않았다.[42] 대통령의 서슬에 누구하나 감히 찍소리도 못했다.[43] 그랬던 사람들이 2012년 대선에서는 '한미 FTA 전면 재협상 및 재협상 불가시 폐기'를 공약했다. 난 그 공약을 보고 기절하는 줄 알았다.[44] 친노들이 이렇게 돌변한 데에는 대선 전략상 불가피하다고 판단해서이지, 진심으로 한미 FTA의 매국적 요소를 반성한 것은 아니라고 본다. 친노들의 한미 FTA에 대한 입장은 여전히 100인 100색이기 때문이다.

문재인 대표는 한미 FTA 협상이 타결된 2007년 4월 당시 대통령 비서실장이었다. 그는 자신의 저서 「운명」에서 "미국에 주눅들지 않고 최대한 우리 이익을 지켜냈다"고 주장했다. 그러나 2011년 10월 '나는 꼼수다'에 출연해서는 "세상에 무슨 이런 조약이 다 있나"라며 비준 반대에 합세했다.[45] 대체 문재인 대표의 입장은 뭔가? 한명숙 전 총리의 행보도 오락가락, 후안무치하기는 마찬가지다.[46] 집권 당시에는 "한미 FTA는 실리외교의 결실"이라고 주

42) 2006/11/24 [프레시안] 정부, 한미FTA 반대 시위에 초강경 대응
   2006/07/09 [프레시안] 한명숙 총리, 도대체 아는 게 뭔가
43) 2007/04/06 [프레시안] '정부가 한미FTA 피해 부풀린다'고 노대통령 격노
44) 2012/10/22 [경향신문] 문재인 "한미 FTA, 반드시 재협상할 것"
45) 2012/10/19 [문화일보] 文후보의 한미 FTA 오락가락… 眞意는 무엇인가
46) 2007/04/02 [노컷뉴스] 한명숙 前총리 "FTA 타결은 실리외교의 결실"

장하더니, 야당이 되자 "한미 FTA 강행처리는 국민에게 굴욕 강요"라고 주장했다. 이런 정치세력을 국민이 어떻게 신뢰할 수 있겠나? 친노가 판판이 깨지는 데에는 다 그만한 이유가 있는 것이다.

한미 FTA 추진 세력인 친노 새민련에게 묻는다

지면 제약상 딱 세 가지만 묻겠다. 첫째, 언론은 2015년 9월 21일 일제히 "한국 잠재성장률 5년 후 2% 붕괴…저성장 고착화 우려"라는 기사를 냈다.[47] 이미 10년도 더 이전에 장하준, 정승일이 「쾌도난마 한국경제(부키刊)」에서 공언했듯 한국은 '저성장, 저고용, 저투자' 사회가 된 것이다. 세계에서 FTA를 가장 많이 맺어 친노가 주장하는 '경제영토'가 가장 넓은 나라 1등은 칠레, 2등이 페루, 3등이 한국, 4등이 멕시코이다. 세계 3등의 경제 영토를 가진 대한민국의 경제가 지금 왜 이 모양(저성장, 저투자, 저고용)인가?[48] 친노들은 행복한가?

둘째, 강대국과의 FTA 찬성론자들은 미국 및 EU와의 FTA를 통해 '제조업' 분야에서 우리가 이익을 볼 것이라고 주장했다. 그 중 특히 자동차 분야를 최대 수혜업종으로 꼽았다. 그러나 한국은행이 2015년 10월 28일 발

2007/01/30 [연합뉴스] 한명숙 총리, "한미 FTA 협상 타결 확신"
2011/11/22 [머니투데이] 한명숙 전 총리 "FTA 강행처리, 국민에 굴욕 강요"
47) 2015/09/21 [연합뉴스] 韓 경제성장률 작년 3.3% → 올해 2%초반…금융위기後 최악 가능성
　　"한국 잠재성장률 5년 후 2% 붕괴"…저성장 고착화 우려
　　2015/11/01 [뷰스앤뉴스] 10월 수출 +15.8%, '수출 붕괴 위기' 직면
　　2015/11/01 [YTN] 무역 1조 달러 난망…2011년 이후 처음
48) 2015/10/28 [조선일보] 건국 후 첫 제조업 매출 감소, 대한민국號에 울린 경고음

표한 '2014년 기업경영분석'에 따르면, 한미 FTA 발효(2012년 3월) 다음해인 2013년 제조업 매출은 폭락 수준으로 급격하게 하락했다(2012년 4.2%→2013년 0.5%). 급기야 한미 FTA 발효 2년만인 2014년 제조업 매출은 마이너스(-)로 돌아섰다. 제조업 매출이 줄어든 건 1961년 정부가 통계를 만들기 시작한 후 53년 만에 처음 있는 일이다. 외환위기 직후인 1998년 (+0.7%), 글로벌 금융위기 직후인 2009년(+2.2%)에도 제조업 성장이 마이너스를 기록한 적이 없었다. 세계가 대한민국의 경제 영토가 됐는데 왜 이런 일이 벌어지는가? 오죽하면, 정파 불문하고, 모든 언론이 사설을 내고 제조업 몰락을 우려했겠는가?[49]

	2012	2013	2014
전년 대비 제조업 매출액 증가율	4.2%	0.5%	-1.6%

* 자료) 2015. 10. 28. 한국은행 발표 '2014 기업경영분석'
* 참고) 2012. 3. 15. 한미 FTA 발효

한-EU FTA는 2011년 7월 발효되었는데, 그 다음 해인 2012년부터 경상수지가 급격하게 악화되기 시작했다. 그리고 2013년부터 경상수지가 적자로 돌아섰고, 올해까지 3년째 적자 중이다.[50] 기막힌 건 한-EU FTA 비준 이전에 한국은, EU와의 무역에서 단 한 번도 적자를 기록한 적이 없었다는 점이다.

---

49) 2015/10/28 [조선일보 사설] 건국 후 첫 제조업 매출 감소, 대한민국號에 울린 경고음
    2015/10/28 [경향신문 사설] 부활하는 일본 제조업, 몰락하는 한국 제조업
    2015/11/02 [한국일보] 10월 수출액 15.8%↓ 6년만에 최대 낙폭
50) 2015/11/08 [뉴시스] FTA 효과 못누리는 EU수출....무역적자 확대

제조업 중 최대 수혜업종이라던 '자동차'만 살펴보자. 2014년 한미 FTA 가 발효된 지 2년만에 현대기아차의 국내 점유율은 71.7% → 65.2%로 무려 6.5%가 줄었다.[51] 심지어 2015년 2월 현기차의 내수점유율이 60.7%(현대차 31.9% 기아차 28.8%)로 뚝 떨어졌다는 언론기사까지 나왔다.[52] 미국산 렉서스, 미국산 캠리, 미국산 벤츠를 감당하지 못하는 것이다(한미 FTA에서는 일본, 독일차도 미국에서 생산되면 미국산으로 취급한다). 저 점유율이 50%로 이하로 떨어지는 순간 우리 자동차 시장은 붕괴되기 시작하는 거다. 오죽했으면 박근혜 정권이 한중 FTA를 체결하면서 자동차를 개방 대상에서 제외하자, 자동차 업계가 환영하고 나섰겠나?[53] 그나마 우리가 가장 자신있다던 자동차 시장도 이 모양인데 다른 분야는 어떻겠는가? 친노는 아직도 한미 FTA가 잘 한 일이라고 생각하는가? 더군다나 미국 쪽에서는 "한국이 한미 FTA를 제대로 이행하지 않고 있다"고 주장하고 있다.[54] 미국 입장이 맞다. 한미 FTA가 비준되기는 했지만, 아직 미국은 한국을 심하게 다루진 않고 있다. 한미 FTA가 제대로 이행됐을 때 후폭풍은 가늠조차 어렵다.

셋째, 앞서 언급했듯 한미 FTA의 핵심은 (상품은 물론, 상품시장보다 훨씬 시장 사이즈가 큰) '서비스시장' 개방에 있다. 아래 표는 2015년 11월 2일

51) 2014/10/27 [매경] BMW 등 수입차 할인공세…올 시장점유율 65%로 뚝
  2014/11/06 [아시아 경제] 아쉽네 안방…현대기아차 내수 점유율 10년來 최저수준
52) 2015/02/06 [팩트 TV] '애국심 마케팅' 끝나나? 현기차 내수점유율 60% 위협
  '호갱' 취급받은 소비자들 분노? 수입차 거센 공세
53) 2014/11/10 [경향신문] 韓中 FTA에서 자동차는 빠져……업계 '환영'
54) 2015/10/20 [동아일보] 美 CRS "韓 TPP 가입, 한미 FTA 이행 여부에 따라 영향"

한국은행이 발표한 경상수지다. 상품수지를 보면 우리가 흑자이다. 韓美 교역의 기본 패턴은 '상품 교역'에서는 한국이 흑자, '서비스 교역'에서는 미국이 흑자의 구조를 띠고 있다. 이러한 경향은 한미 FTA 체결이전이나 이후나 동일하다. 문제는 서비스 수지이다. 한미 FTA 발효(2012년 3월) 3년 만에 '서비스수지'가 급격하게 악화되고 있다. 즉 −62.5억 달러(2014년) → −144.3 달러(2015년)로 130% 이상 폭증했다. 세계가 대한민국의 경제영토가 되었는데 왜 이런 일이 발생하는가? 서비스수지의 급격한 악화가 한미 FTA, 한EU FTA와 아무런 관련이 없는 것일까?

	2014		2015	
	9월	1~9월	9월	1~9월
경 상 수 지	74.5	619.9	106.1	806.3
1. 상품수지	75.1	658.5	120.6	911.1
2. 서비스수지	−2.4	−62.5	−17.3	−144.3
3. 본원소득수지	6.1	63.8	7.9	69.8
4. 이전소득수지	−4.3	−39.9	−5.0	−30.3

* 자료) 11월 2일 한국은행 발표(억 달러, %)

마지막으로 토를 달자면, 참여정부에서 한미 FTA를 주도한 당시 김현종 통상교섭본부장과 김종훈 협상 수석 대표는 이후 삼성 사장과 새누리당 강남 국회의원으로 각각 영전(?)했다.

2. 남북관계 파탄 내고 DJ 등에 배신의 칼을 꽂은 대북 송금특검

이회창이 집권했으면 가장 먼저 했을 대북 송금특검

2003년 3월 15일, 정권 출범 20일 남짓 된 참여정부가 제일 먼저 착수한 일이 바로 대북 송금특검이다. 2002년 대선에서 이회창이 집권했다면 제일 먼저 했을 일이 바로 대북 송금특검이다.

이는 미국의 네오콘인 미 의회조사국(CRS) 래리 닉쉬 박사가 월간조선에 흘려서 세상에 드러난 사건이다. 이 래리 닉쉬는 한국에게, 한미일 3각 동맹을 위해서 일본 비판도 하지 말라고 주문하는 전형적인 친일파 미국인이다.[55] 이상할 게 하나도 없다. 미국은 150년째 친일 국가이기 때문이다. 독자들은 이완용과 래리 닉쉬가 다를 거라고 보는가? 장인환과 전명운 의사(義士)가 사살한 미국인 친일파 외교고문 스티븐슨과 래리 닉쉬가 다를 거라고 보는가?

이처럼 자국의 국익을 위해 한반도 분단 유지가 필요한 워싱턴과 도쿄의 매파들은 남북관계를 파탄내기로 이심전심 통했고, 참여정부는 워싱턴-서울-도쿄의 냉전세력이 밀어붙인 간계에 저항은커녕 철저하게 뇌동했다. 여소야대 정국을 돌파하기 위해 어쩔 수 없었다는 것이 친노들 주장이나, 사후 합리화를 위한 궤변에 불과하다. 여소야대는 이미 2000년 총선에서 형성된 것이다. DJ

---

55) 2005/03/09 [오마이뉴스] "한국의 일본 비판, 한미일 동맹 무너뜨려" 미 의회조사국 래리 닉시 〈산케이〉와 인터뷰에서 주장

는 그 여소야대 정국에서 정상회담도 하고 남북 관계 개선에도 성공했다. 정치력과 철학의 문제이지 여소야대의 문제가 아니다. 실제 2004년 총선 이후 이른바 '탄돌이'들의 대거 등장으로 여소야대가 → 여대야소로 반전되었지만 정국이 원만하게 운영됐나? 오히려 한나라당과 대연정만 제안하고, 몰락만 가속화되지 않았나? 지도자의 정치력과 정치철학의 문제이지 여소야대의 문제가 아니다.

결국 참여정부는 워싱턴과 서울의 매파들 주장을, 이회창이 당선됐으면 가장 먼저 했어야할 역할을 기꺼이 대행한 것이다. 난 이 같은 결정을 한 친노세력의 의식의 저변에 "호남 밟고 영남가자"는 지역감정 극복(?) 정신, 한나라당과 대연정 정신이 똬리를 틀고 있다고 확신했고, 실제 상당수 언론도 이를 뒷받침하는 보도를 냈다.[56] 친노들은 민족의 운명이 걸린 외교안보 현안을 국내 정치에 악의적으로 이용한 것이다.

대북 송금특검은 단순한 특검이 아니라 참여정부의 법통과 철학을 고스란히 드러낸 '고도의 정치행위'였다. 정조는 수구 노론당의 눈치를 보며 천신만고 끝에 정권을 잡았지만, 취임 일성으로 "나는 사도세자(소론당)의 아들이다"하고 선언하여 노론당의 간담을 서늘하게 했다. 그만큼 취임 이후 첫 정치 행위가 중요하다. 참여정부는 호남과 개혁세력의 압도적 지지로 탄생한 정권임에도 불구하고, 취임 일성으로 "나는 YS의 아들이다"하고 선언한 것이나 다름없는 정치행위가 바로 '대북 송금특검'이다. DJ는 강하게 반발했지만 이제 막 출범하여

---

56) 2003/03/ [한겨레21] 영남을 향한 뜨거운 프로포즈

권력의 최정점에서 기세등등한 청와대에 반발할 힘이 없었다.[57]

친노식 만장일치(?)로 통과된 대북 송금특검

대북 송금특검 수용 여부를 두고 2003년 3월 14일 오후 5시 국무회의가
열렸다. 당시 상황이다.

> 산자부 장관 윤진식, 농림부 장관 김영진, 환경부 장관 한명숙이 연이어 특검 수용
> 거부에 동의했다. 해수부 허상관 장관만이 짧게 이유를 달아 수용을 제안했다.
> "상생과 타협의 관점에서 보면 특검을 받아주는 것이 맞다고 봅니다." 수용거부
> 의견이 대세를 이루었다.
>
> 오랫동안 침묵하고 있던 노 대통령이 말했다. "링컨 대통령이 법안을 하나
> 심의했는데, 여섯 명인가 전원이 반대했습니다. 그러니까 대통령이 '만장일치로
> 통과되었음을 선포합니다' 그랬다고 합니다." 노 대통령은 국무위원들과 눈을
> 맞추듯 사방을 둘러 보았다. "수용을……합시다." 순간 정세현 장관의 얼굴에 실망의
> 빛이 돌았다(이진 著, 참여정부, 절반의 비망록 56p, 개마고원 刊).

이게 참여정부의 수준이었다. 2015년에 2003년과 똑같은 '친노식 만장일

---

57) 2004/06/14 [프레시안] DJ "대북송금 특검은 민족적 비극" MBC 인터뷰서 공개비판, 'DJ 역할'
기대해온 청와대-우리당 당혹
2005/11/16 [프레시안] 盧-DJ, '되돌아올 수 없는 다리' 건넜나/신건, 임동원 구속에 '동교동' 분개

치'가 재현됐다. 이들 친노 세력은 2015년 9월 16일 당 혁신안을 처리하는 중앙위원회를 개최하였는데, 비주류 측에서 반대의견을 피력하려고 아무리 손을 들어도 이를 묵살하고 "만장일치로 가결되었음을 선포"하였다.[58] 2003년에는 친노식 만장일치로 대북 송금특검을 수용하여 호남과 DJ 등에 칼을 찍더니, 그때와 똑같은 친노식 만장일치로 '호남 권리당원 죽이기' 혁신안을 통과시킨 것이다.

DJ의 노무현 대통령에 대한 분노와 불신

김대중 전 대통령의 자서전에는, 노무현 대통령의 대북 송금특검으로 인한 DJ의 충격, 분노, 불신, 우려, 황당, 불쾌, 초라한 자신의 처지가 그대로 드러나 있다. 워낙 품위 있는 분이라서 점잖게 표현했지만 진의를 숨길 수는 없었다.

> 3월 15일 노무현 대통령이 대북 송금 사건 특별법안을 공포했다. 국무위원들은 단 한 사람만 제외하고 모두 반대했다. 정세현 통일부 장관은 "대북 사업 추진 과정이 공개되면 남북 대화와 민간 교류 등이 중단될 수도 있다"고 반대했다고 한다. **하지만 노 대통령은 이를 무시했다. 충격이었다. 나는 퇴임 10여일을 앞두고 "이 문제가 사법적 심사의 대상이 되어서는 안 된다"고 간절하게 호소했다.** 한반도 평화와 국가 이익에 크게 도움이 된다고 판단했기에 실정법상 문제가 있음에도 이를 수용했고, 이번 사태에 대한 모든 책임은 대통령인 내가 지겠다고 했다.

---

58) 2015/09/16 [뉴스1] 野혁신안 중앙위 통과에 비주류 반발…"혁신이 유신돼"

국민의 정부가 1억 달러를 북한에 지원하려 한 것은 사실이었다. 잘 사는 형이 가난한 동생을 찾아가는데 빈손으로 갈 수는 없는 것 아닌가. 하지만 법적인 문제가 있어 현대를 통해 제공했다. 현대는 1억 달러에 대한 또 다른 대가를 북으로부터 얻었다.(중략)

하지만 노 대통령이 우리 민족 문제를 어디로 끌고 갈 것인지 알 수가 없었다. 남북 관계는 정쟁의 대상이 아님을 그도 잘 알 것이다. 국가 책임자가 최고의 기밀을 그렇듯 대수롭지 않게 생각하면 앞으로 어느 나라가 우리 정부를 신뢰하고 대화하겠다고 나설 것인가. 노 대통령은 나와 국민의 정부가 추진하고 있는 정책들이 옳다고 했다. 그러고는 다른 길을 택했다. 취임 초 첫 단추를 잘못 꿰었다. 국민의 뜻도 묻지 않았다. 남북관계는 경색되고 국론은 분열될 것이다. 부작용이 불 보듯했다. 그러나 나는 아무 말도 하지 않았다.

4월 22일 노무현 대통령과 부부 동반 만찬을 했다. 자리에 앉자마자 노 대통령이 "현대 대북 송금은 어찌된 일이냐"고 물었다. 참으로 이해하기 힘들었다. 몹시 황당하고 불쾌했지만 담담하게 말했다.

"현대의 대부 송금이 사법심사의 대상이 되어서는 안 된다는 소신에 변함이 없습니다."(김대중 著, 김대중 자서전2, pp528~529, 삼인刊)

김대중 전 대통령의 '에곤 바' 임동원의 언급을 보자.

이 특검 사건이 우리에게 남긴 상처는 대단히 깊었다. **민족문제와 남북관계에 대한 올바른 철학과 비전이 결여된 노무현 대통령은 취임 초부터 첫 단추를 잘못 끼움으로써 남북관계를 경색케 하고 국론을 분열시키는 결과를 초래했다.** 이는 남북 화해협력과 통일문제에 대한 국민들의 관심과 흥미를 감퇴시키고 **남북관계 개선을 위한 추동력을 잃어버리는 결과를** 초래했다(임동원著, 피스메이커 719p, 중앙books刊)

이런 저런 세간의 평가를 떠나서, 세상에 정상회담에 대해 특검을 하는 비이성적, 몰상식적 정치 집단이 대체 어디 있단 말인가? 세계 역사상 전무후무한 일이고 앞으로도 전무후무할 것이다. 친노는 늘 희한한(?) 방식으로 역사에 한 획을 긋는다. 정말 부끄러워서 어디 가서 말도 꺼내지 못할 지경이다. 통탄할 일이 아닐 수 없다. 친노가 안 되는 데에는 다 그만한 이유가 있는 법이다.

특검 결과, 5억 달러(현금 4.5억 달러, 현물 5,000만 달러)가 북한으로 넘어갔음이 밝혀졌다. 그러나 이중 4억 달러는 현대가 북한으로부터 이른바 '7대 경협 사업'에 대한 30년 독점권을 취득한 대가로 제공한 것이다. 퍼준 게 아니다. 세상에 공짜가 어딨나? 경의선 철도 연결 및 복선화 작업, 서해안 산업 공단 건설, 통신 현대화 산업, 발전 시설, 관광, 개성공단 사업 등에 대한 30년 독점 사업권을 고작 4억 달러에 얻어온 것이다. 철도 하나만 연결돼도 7조원의 경제적 효과가 있을 것이라는 예상을 감안하면[59] 4억 달러는 헐값이나 마찬가지다. 그리고 DJ 정권이 대북 지원금 성격으로 1억 달러를 제공했다는 것이다. 이 1억 달러를 두고 냉전세력들은 "북한에 퍼주었다"고 난리를

---

59) 2003/06/25 [한겨레] [대북지원] 특검발표, 분통터진 동교동

친 것이고, 친노들은 자신의 정치적 이익을 위해 이 같은 냉전세력의 주장을 방어할 생각이 없었다.

1억 달러가 퍼주기라면, 소련에 30억 달러 주고 수교한 노태우 정권, 북한에 경수로 비용 12억 달러를 제공한 YS 정권은 뭔가?

세계 200여개 국가 중 15위 정도로 부자가 된 형님 국가가, 세계에서 가장 가난하게 사는 동생 나라를 60년 만에 방문하면서 고작 '푼돈 1억 달러' 주었다고 특검을 해 까밝힌다면, 1990년에 30억 달러를 제공하고 소련과 수교한 노태우 정권은 어떡하고,[60] 중국과 수교를 위해 1987~1992년까지 중국에 고의적으로 무역 적자를 허용하면서 한중 수교를 유도한 전두환, 노태우 정권은 어떡하고,[61] 경수로 건설비용으로 12억 달러를 북한에 퍼준 YS 정권은 대체 어떡할 건가?[62] 노태우 대통령이 소련에 지원한 30억 달러 중 6.6억 달러는 결국 떼이고 말았고,[63] YS 정권이 퍼준(?) 12억 달러의 건설비용은 북한 경수로 건설 공사장 터에 시멘트 콘크리트로 처박혀 있다. 자칭 '노빠'라고 주장하는 역사학자 김기협 선생조차도 참여정부의 '대북 특검' 수용은 직무유

---

60) Samuel. Kim著, The two Koreas and the great powers(Cambridge 刊, 2006), p. 62.
　　2015/09/30 [연합뉴스] 〈한·러 수교 25년〉 동북아 냉전의 벽 허문 역사적 사건

61) Samuel. Kim著, The two Koreas and the great powers(Cambridge 刊, 2006), pp. 75~76.

62) YS 정권이 KEDO를 통해 지출한 비용은 공사비용 약 11.4억 달러+청산비용 약 7000만 달러. 관련 자료 보기 Charles Kartman, Robert Carlin 共著, A History of KEDO.

63) 1991년 말 소련이 해체되고 각 공화국이 독립하면서 소련의 부채를 러시아 연방이 승계했으나, 어려운 경제사정으로 결국 7억 6천만 달러만 상환받았다. 2003년 6월 20일에 우리나라 재정경제부의 발표에 따르면, 미상환분 22억 4천만 달러 중에서 6억 6천만 달러는 탕감해 주기로 했고, 나머지 15억 8천만 달러는 2025년까지 23년 간 분할 상환받기로 합의했다(박철언著, 바른 역사를 위한 증언2, p183).

기라고 일갈했다.[64]

DJ는 퍼준 게 아니라 퍼왔다

DJ는 고작 1억 달러 주고 ▲2천만 평(가로 8km 세로 8km)의 개성공단을 50년 간 평당 임대료 15만원에 얻어왔고(月 250원 꼴이다. 땅 값이 헐값이나 다름없기 때문에, 현재 여기에 입주한 134개 중소기업이 모두 흑자를 내고 있고, 그 덕에 서울에 있는 본사 한국인 근로자들도 월급 받고 있고, 그것으로 가족들이 생계를 유지하고 있다) ▲서울을 노리던 개성의 군부대를 후방으로 돌렸고 ▲수백억~수천억 달러의 가치가 있는 SOC독점 사업권을 따왔다.

이처럼 DJ는 개성공단 하나만으로도 수십조 원~수백조 원의 가치를 얻어왔다. 이때 전국경제인연합회는 개성공단의 경제적 효과를 총 569억 달러로 추정하기도 했다.[65] 내가 10만원 주고 신형 벤츠 승용차를 구입했다면, 내가 10만원을 퍼준 것인가?

이처럼 DJ는 1억 달러의 수백배~수천배 되는 이익을 가지고 왔다. 1억 달러면 우리 국민당 2,000원 남짓되는 금액이다. 김밥 한 줄 값밖에 안 되는 금액으로 냉전을 해체하고 전쟁의 공포로부터 해방되고 천문학적 경제협력이

---

64) 2015/01/08 [프레시안] 노무현의 '대북 특검' 수용은 직무유기
　　[김기협의 냉전 이후] 〈63〉 盧 정부, 대북송금 특검으로 잃은 것
65) 2002/10/08 [KBS] 개성공단, 경제적 효과 722억 달러

시작되었다. 이는 퍼주기가 아니라 퍼오기였다. 그런데도 친노와 냉전세력들은 1억 달러를 '퍼주었다'면서 DJ 등에 칼을 찍었다. 은혜를 칼질로 되갚은 패륜이었다. 어떤 정치 상황에서도 친노가 늘 패배하는 데에는 다 그만한 이유가 있는 것이다.

북한에게 개성이 군사전략적으로 얼마나 중요한 지역인지 알 수 있는 일화가 있다. 6.15 정상회담 직후 김정일－정주영 회장이 원산에서 만나 경협을 논의했는데, 이때 김정일이 개성을 공단으로 개방하는 결단을 내렸다. 이를 보고받은 군사전략가 출신 임동원 당시 국정원장은 군사 전략상 북한이 결코 개성을 내줄 리가 없다며, "현대가 북한에게 속은 것 아니냐"고 의심했다고 한다.[66] 개성은 그 정도로 북한에게 군사요충지이며, 금강산 관광으로 개방한 장전항 역시 군사 요충지였다. 대한민국을 향하던 총부리가 공단과 관광지로 변한 것이다.

대북 송금특검의 폐해

대북 송금특검의 폐해는 엄청난 것이었다. ▲대북 송금특검으로 '햇볕정책은 파기'되었고 남북관계는 파탄났으며, 그 결과 중차대한 시기에 남북관계가 동결되고 말았다. ▲한미일 3각동맹의 단초가 되었다. ▲DJ 등에 칼을 찍고 호남과 동교동을 쑥대밭으로 만들며 영남의 지지를 기대했지만, 영남은 친노들의 구애에 꿈쩍도 안했다.[67] 그 결과 참여정부를 창출한 민주개혁 세력은

---

66) 임동원著, 피스메이커(서울, 중앙books, 2008), pp. 465~466.
67) 자세한 것은 다음 자료를 참고 하시라. 대북송금특검 : 그 진실과 전말, 그리고 영향

갈라지기 시작했고, 정권 몰락의 단초가 되었다.

그나마 참여정부의 대북 송금특검으로 파탄난 남북관계와 지체된 개성공단 사업을 구체화하고 살려낸 것은 친노가 아니라 바로 정동영 당시 통일부 장관이다. 정동영 장관의 냉전종식을 향한 확고한 철학이 없었다면, 개성공단은 물론 9.19 공동성명도 없었고 10.4 정상회담도 없었다.

혼수상태에 빠진 DJ

참여정부의 대북 송금특검으로 인해 김대중 전 대통령이 받은 충격은 이루 말할 수 없었다. 김택근 著, 〈새벽 김대중 평전〉의 일부이다.

> 국민의 정부 사람들이 줄줄이 불려 가 죄인 취급을 받았다. 끝내 금융감독원장 이근영, 경제수석 이기호, 비서실장 박지원이 구속됐다. **김대중은 비탄에 잠겼다.** 누구도 만나지 않았다. 한번은 "모두 내 책임"이라며 특검 수사본부에 직접 나서겠다고 집을 나섰다. 이를 말리며 비서들은 한동안 어찌할 바를 몰랐다. **김대중은 시름시름 앓기 시작했다. 식사를 거르고 말수가 줄어들었다. 침묵이 동교동 사저를 짓눌렀다.**

---

https://www.facebook.com/notes/elhe-taifin/%EB%8C%80%EB%B6%81%EC%86%A1%EA%B8%88%ED%8A%B9%EA%B2%80-%EA%B7%B8-%EC%A7%84%EC%8B%A4%EA%B3%BC-%EC%A0%84%EB%A7%90-%EA%B7%B8%EB%A6%AC%EA%B3%A0-%EC%98%81%ED%96%A5/297446103643532

김대중은 더 이상 버티지 못했다. 2003년 5월 10일 구급차에 실려갔다. 심장 혈관이 막혀 피가 돌지 않았다. 곧바로 심혈관 확장 수술을 받고 신장 혈액투석을 처음으로 받았다. **체력이 약해져 혼수상태가 지속됐다.** 신장 기능을 잃어버린 김대중은 그때부터 기계에 의존해서 연명했다. 김대중이 체력을 어느 정도 회복한 것은 그해 가을이었다(김택근 著, 새벽 김대중 평전, 사계절 刊, pp384~385)

이처럼 2003년 3월~6월 대북 송금특검과 2003년 5월 방미로 햇볕정책은 파기 되었고, 친노 정권은 윤영관 외교부 장관, 위성락 북미국장, 이종석 NSC사무차장, 반기문 외교보좌관을 내세워 'DJ가 망친(?) 한미 동맹 복원', 나아가 한미일 3각 동맹에 혈안이 돼 있었고, 남북관계는 파탄났고, 동교동은 분노했고, 한나라당은 환호했고, 지지자는 절망했다. 20대 시절 미제의 각을 뜨자고 선동을 일삼았던 친노 486들은 "전하 아니되옵니다"를 외치지 못하고 "성은이 망극하옵니다"를 외치면서, 이를 실용주의 외교라고 노비어천가를 불러댔다.[68] 친노에게는 국익과 민족이 이익보다는 친노의 정치적 이익이 중요했다. 그들은 그렇게 자신들의 정치적 이익을 위해 민족 문제를 난도질하는 만행을 저질렀다.

이처럼 참여정부는 대북 송금특검으로 햇볕정책을 파탄 내고 YS의 '냉전적 상호주의 대북정책'을 부활시킨 정권이다. 그래서 참여정부는 민족 문제와 국제 문제에 대한 철학 없이 YS처럼 극과 극, 냉탕과 온탕을 널뛰기하며 오갔고, DJ에 대한 혐오와 미움으로 가득했으며(요즘 또 다시 폐족 위기에 처한 친노들이

---

68) 2003/12/26 [오마이뉴스] 껍데기 자주파, 이름만 화려한 개혁파

이제와서 'DJ 정신' 운운하는 것을 보면 기가 막힌다), 이것이 남북관계 신뢰 형성에 결정적 장애가 되었을 뿐 아니라 대미 외교까지 파탄 낸 요인이었다. 그 결과 민족사에 결정적으로 중요했던 5년을 거의 허송했고, 결국 패배할 것이 뻔한 대선을 2개월 남기고 책임지지도 못할(즉 2개월 후에 폐기될 것이 뻔한) '알리바이용 정상회담'으로 면피한 게 바로 참여정부다. 정세현 전 통일부 장관은 참여정부의 정상회담을 두고 "8순 부모가 자식을 낳은 격"이라고 일갈했다.[69] 자식 돌잔치는 해줄 수 있어야 할 것 아닌가? 예상대로 참여정부의 정상회담은 MB가 집권하면서 파기됐다. 정권 재창출이 최고의 개혁임을 친노들은 몰랐다.

3. 21세기판 음서제 로스쿨 도입

사학법 재개정에 찬성하고 로스쿨까지 주도적으로 도입한 친노들

로스쿨 제도를 한나라당이 도입한 걸로 알고 있는 친노들이 많다. 그 정도로 로스쿨은 'MB 친화적'이고 '한나라당 친화적'인 제도이다. 오죽하면 '돈스쿨'로 불리겠는가? 그러나 이 제도는 한나라당이 아닌 '참여정부'가 주도적으로 도입한 제도다.

마오쩌둥은 지식 자체는 존중했지만 자칭 지식인은 무시했다고 한다. 선비의 모자에 오줌을 쌌던 한 고조 유방보다 더하면 더했지 덜하지 않았다. 그 이유도 분명했다.

---

69) 정세현 著, 정세현의 정세토크 ; 60년 편견을 걷어내고 상식의 한반도로(경기 파주, 서해문집刊, 2012), p. 132.

"거지근성 강하고, 고마워할 줄 모르고, 남 핑계대기 좋아하고, 정확히 알지도 못하는 주제에 온갖 잘난 척은 다하고 무책임하다."

나는 이 모택동의 말을 보면, 이른바 '깨어있는 시민'을 자칭하는 친노들을 정확하게 지적한 말이 아닐까 생각된다. 도대체 제대로 아는 게 하나도 없다. 친노들은 "로스쿨은 MB가 시행한 것으로 참여정부와는 무관하다"며 혹세무민하고 있다. 이쯤 되면 참여정부 방어에 혈안이 돼 이성을 잃은 집단이라고밖에 볼 수 없다. 로스쿨이 MB 정부에서 시행된 건 맞다. 한미 FTA도 MB 정부에서 비준하고 시행된 게 맞다. 그렇다면 참여정부는 책임 없나? 참여정부에서 법을 다 만들고 MB가 시행했다면 그게 MB책임인가? 누가 봐도 참여정부 책임이고, 100보 양보해도 공동책임이다. 안 그런가? 내 말이 틀렸나? MB는 법 지킨 죄 밖에 더 있나? 살펴 보자.

'법학전문대학원(→ 이게 로스쿨의 정식 명칭이다) 설치운영에 관한 법률'은 2007년 7월 3일 국회를 통과하여 동년 9월 28일 법률 제8544호로 시행됐다. 이것도 하루아침에 통과된 게 아니라 참여정부가 출범하면서 '사법개혁추진위원회'를 구성하여 몇 년간 치밀한 준비 끝에 청와대와 열린우리당이 당력을 총결집시켜 통과시킨 것이다. 나는 2006년 국회의원 비서관으로 봉직하고 있었는데, 이 당시 로스쿨을 추진하던 참여정부 청와대 비서실 사법개혁 비서관과 대통령 법무비서관실 행정관이 두툼한 자료를 들고 의원실에 들러 로스쿨법 통과에 적극적인 협조를 부탁하고 갔다. 심지어 당시 노무현 대통령은 대국민 담화를 발표하여 "로스쿨은 법률시장 개방에 대비하고 경쟁력

있는 법조인 양성을 위해 반드시 필요하며, 이것이 무산되면 국가적으로 큰 손실"이라고 주장했다.[70]

당시 사정을 덧붙여 설명하자면, 2007년 한나라당이 요구하는 사학법 재개정을 합의해주고 그 대가(?)로 얻어낸 것이 바로 '로스쿨법'이다. 사학법 재개정을 내주고서라도 반드시 통과시켜야 할 참여정부의 핵심 사업 중 하나가 바로 로스쿨법이었다. 한나라당으로서는 꿩먹고 알 먹은 셈이다. 사학법을 재개정하여 수구세력을 보호했고, 생각지도 않은 로스쿨까지 얻었으니 말이다. 양심적 민주개혁 세력 입장에선 얼마나 기가 막힌 일인가? 친노가 항상 패배하는 데에는 다 그만한 이유가 있는 것이다.

철저하게 실패한 로스쿨

참여정부 당시 로스쿨 제도를 도입한 취지는 ▲법조인의 특권 타파[71] ▲대학 서열화 방지 ▲양질의 법률서비스 제공 ▲법학 교육의 정상화 ▲고시낭인 양산으로 인한 인적 자원의 왜곡 방지[72] 등이었다. 그러나 결과는 모두 실패했다.[73]

---

70) 2007/06/27 노무현 대통령 대국민 담화문

71) 사법연수원 기수 문화 폐해를 극복하고, 특권의식으로부터 탈피하려는 취지에서 로스쿨을 도입했다는데, 비현실적 주장이다. 로스쿨은 기수 없나? 연수원 기수문화는 나쁘고, 로스쿨 기수문화는 괜찮나? 어느 조직이든 다 기수가 있기 마련이다. 하다못해 개그맨 공채, 탤런트 공채, 초등학교도, 고등학교도, 해병대도 기수가 있다. 대체 기수가 왜 나쁜가?

72) 고시낭인만 문제인가? 수백대 1을 넘은 노량진의 공무원 낭인은 뭐고, 수천대 1을 넘는 기획사의 연예인 낭인, 아나운서 낭인은 뭔가?

73) 2014/09/16 [중앙일보] '로스쿨 인기 시들' 5년간 433명 자퇴

로스쿨 도입으로 대학 서열화가 방지되기는커녕 대학 서열화는 '관습 헌법화' 되었고 지방대는 몰락했다.[74] 이춘석 의원에 따르면 2010~2012년 신규 임용된 로스쿨 출신 검사 중 세칭 SKY대 출신 비율은 사시 출신 검사의 SKY대 비율 보다 훨씬 높아졌다. 오히려 지방대에겐 사법시험이 공평했다. 지방대 출신의 로스쿨 입학생 비율은 지방대 출신의 사시 합격비율의 1/4에 불과했다. 이처럼 사법시험과 비교했을 때 로스쿨의 학벌 서열화가 훨씬 심해졌다.[75]

대형로펌도 마찬가지다. 같은 기간 동안 김앤장, 태평양 등 상위 6개 로펌 로스쿨 출신 변호사의 81%가 SKY로스쿨 졸업자였다. 반면 지방대 로스쿨 출신은 겨우 4%에 그쳤다. 국내 25개 로스쿨 중 14개 학교 졸업생은 취업자를 1명도 내지 못했다. 로스쿨 간 서열화는 관습헌법화 되어, 지방대 로스쿨생이 SKY로스쿨을 가려고 자퇴하는 일이 비일비재하다.[76]

---

74) 2013/04/16 [중앙일보] 다양성 위해 로스쿨 도입했는데 SKY대 나온 검사 더 늘었다.
   로스쿨 1기 검사 중 86%가 SKY, 사시 출신 검사의 SKY대 비율 64%, 설립 취지 퇴색.
   2012/04/09 [한겨레] 수도권 로스쿨 입학생 'SKY 64%~지방대 2%'사시 합격률보다 편중 심화.
   「… 서강대는 4년 동안, 서울대도 2010년 이후로 두 해째 지방대 출신을 전혀 뽑지 않았다. 최근 4년간 지방대 출신 사시 합격자 비율 9.0%(3523명 가운데 318명)와 견줘보면 로스쿨 입학생 비율은 사시의 4분의 1 수준으로 격감했다. 2009년 사시에서 부산대(28명), 전남대(26명), 경북대(22명)는 서울에 있는 경희대, 서강대 등을 제치고 합격자 배출 상위 10위에 들었다. 그러나 이들 3개 대학 출신으로 지난 4년간 수도권 로스쿨에 입학한 학생은 각각 13명, 14명, 6명으로 2009년 한 해 사시 합격생 수에도 못 미쳤다. 수도권 로스쿨 졸업생이 좋은 일자리를 선점한다고 볼 때, 지방대 출신 학생에게는 로스쿨 체제가 사시보다 불리하게 된 셈이다…」
75) 2013/04/16 [중앙일보] 다양성 위해 로스쿨 도입했는데 SKY대 나온 검사 더 늘었다
76) 2013/10/21 [머니투데이] "SKY로스쿨은 성골, 지방대는 6두품?"

문제는 또 있다. 사법시험은 시험 문제도 공개하고, 시험 성적도 공개한다. 그런데 로스쿨은 변호사시험법 18조 1항에 따라 성적을 비공개한다.[77] 성적을 비공개한 취지는, 성적이 공개되면 로스쿨 서열화 및 과다 경쟁이 우려된다는 것이었는데, 성적을 비공개하다 보니 오히려 '출신 대학'과 '부모가 누구인지'의 중요성은 더욱 커졌다. 성적 비공개가 '대학 서열화'를 더욱 부추기는 셈이다. 이처럼 로스쿨의 가장 큰 문제점은 대체 어떤 기준으로 로스쿨에 입학하는지 전형 절차도 불투명하고, 어떤 기준으로 대형 로펌에 입사하고 판검사에 임용되는지 기준이 없다는 거다. 따라서 사법 불신이 극에 달한 상황이다.

다행히 헌법재판소가 2015년 6월 25일 '변호사 시험 성적 비공개는 위헌'이라고 선언하여 더 이상 음서행위가 통용되는 것을 용납하지 않겠다는 의지를 보였으나,[78] 이미 판검사로 임용된 로스쿨 출신들은 무슨 기준으로 임용되었는지 옥석을 가리기엔 늦었다. 세상에 이런 부정의한 제도가 어딨나? 왜 서민들 자식들의 계층 상승의 사다리를 걷어차는가?

천문학적 학비

천문학적 학비도 문제다. 현재 로스쿨 3년 학비만 6,000만원 이상으로 알

---

77) 변호사시험법 제18조(시험정보의 비공개) ① 시험의 성적은 시험에 응시한 사람을 포함하여 누구에게도 공개하지 아니한다. 다만, 시험에 불합격한 사람은 시험의 합격자 발표일부터 6개월 내에 법무부장관에게 본인의 성적 공개를 청구할 수 있다.

78) 2015/06/25 [동아일보] 헌법재판소 "'성적 비공개' 변호사시험법 조항 위헌"

려졌다.[79] 생활비 약 4,000만원 까지 합하면 1억 원이다. 즉 대학 4년 학비에 추가하여 로스쿨 3년 학비의 여력이 있어야 변호사 자격을 얻을 수 있는 것이다. 이제 노무현 변호사 같은 상고 출신이나, 문재인 변호사 같은 대졸 법조인은 원시적으로 불가능해졌다.[80] "뽑고 보니, 있는 집 애들이 많더라"는 거다. 제도를 있는 집 자식들에게 유리하게 설계했으니, 뽑고 보니 있는 집 애들이 많은 건 당연한 것이다. 지금 로스쿨에 현직 고위 법관 자제들, 국회의원 자제들, 대학 총장 및 법대 교수 자제들, 정부 고위공직자 자제들이 천지삐까리다. 특권 세력의 총체적 담합 구조다.

로스쿨 옹호론자들은 '취약계층 특별전형'을 통해 매년 7%에 해당하는 취약계층의 로스쿨 입성이 제도적으로 보장돼 있다고 주장하는데,[81] 이 얘기는 93%는 있는 집 자식들의 입성이 제도적으로 보장됐다는 말과 다르지 않다. 고작 7%로 생색내려고 하는가?

더 큰 문제는 저 7%에 들지 못하는 차상위 취약계층에게는 법조인이 될 수 있는 기회가 사실상 박탈된 다는 점이다. 최하위 계층 7%에 끼지 못하면 돈 내고 로스쿨 다녀야 하는데 그건 불가능할 거 아니겠는가?

---

79) 2011/10/27 [한국경제] 학비 때문에…로스쿨생 자살
   2014/02/05 [문화일보] 등록금만 年 2000만원… '돈스쿨' 오명 못벗어. 입학전 준비과정도 수백만원
80) 2010/09/07 [동아일보] 로스쿨 출신 판-검사 임용도 '음서제' 우려
81) 2015/07/05 [한겨레] [한인섭 칼럼] 사시존치론, 해법 아니다

부정부패의 온상인 로스쿨

로스쿨의 결정적인 문제는 로스쿨의 불투명한 운영과 부실한 학사관리 때문에 사법시험 체제에서는 상상할 수도 없었던 범죄자 변호사가 양산되고,[82] 고위 공직자의 자녀가 취업에 특혜를 받는다는 국민적 원성이다.[83] 2015년 8월에는 친노 국회의원과 새누리당 국회의원 자녀의 특혜성 취업 및 임용으로 나라가 떠들썩했다.

로스쿨의 도입 취지였던 법학 교육의 정상화라는 말은, 그 말을 꺼내기조차 민망한 상황이 되고 말았다. 현재 로스쿨은 ▲학사 관리 부실 ▲출석 안하고 학점 받기 ▲고위직 자녀들의 특혜성 입도선매 ▲온갖 특혜 ▲심지어 범죄 행위까지, 사법시험 체제하에서는 상상할 수 없는 불법과 편법이 판치고 있다.[84] 마치 과거제도가 극단적으로 문란했던 조선 후기를 보는 것 같다. 양질의 법률서비스 제공이라는 말은 쏙 들어간 지 이미 오래다. 로스쿨 출신보다는 사법시험 출신이 훨씬 뛰어나기 때문이다.

---

82) 2015/04/06 [조선일보] 공익법무관에게 뚫린 검찰 내부 통신망?

83) 2015/04/14 [노컷뉴스 단독] 체면 구긴 김앤장, '입도선매' 로스쿨生 변시 낙방
2015/08/27 [한겨레] 또 '변호사 채용' 의혹…네이버에 '이주영 의원 딸'
2015/08/14 [채널A] 새정치 윤후덕 의원 '딸 채용 특혜 의혹'
2015/08/18 [jtbc] 김태원 의원 아들도?…로스쿨 출신 잇단 특혜 취업

84) 2015/04/15 [세계일보] 경찰대 출신들의 '양다리'…신분 숨기고 로스쿨行
2015/04/17 [법률저널] 불법과 편법이 용인되는 로스쿨, 누가 믿겠나
2015/04/06 [조선일보] 공익법무관에게 뚫린 검찰 내부 통신망?
2015/04/18 [조선일보] 서류 위조해 해외여행에 출장비까지 타낸 공익법무관 구속기소
2015/06/14 [조선일보] '감사원 고위직 자녀' 로스쿨 졸업생, 감사원 임용

과거 법조인의 특권을 낳게 된 핵심 원인은 사법시험 선발 인원을 지나치게 제한했기 때문이었다. 박정희 정권 시절 100명 이하로 선발했던 것을, 전두환 정권 시절 300명으로 대폭 늘렸고, YS 정권에서 1,000명까지 확대하였다. 이처럼 문민정부 이후 사법시험 선발 인원이 연간 300명에서 → 1,000명까지 대폭 확대돼 법조인의 특권은 상당부분 해소된 상황이다. 그리고 이미 해마다 수백 명의 인문대, 의약대, 공대, 자연대 출신은 물론, 음대, 미대, 체대 출신 등 다양한 경력과 경험을 가진 전공자들이 사법시험에 합격하는 상황이었고, 많은 지방대에서도 사법시험 합격자를 배출하는 상황이었다. 즉 '사법시험 합격자 1,000명 시대'가 도래 하면서 로스쿨이 지향하려는 법학 외의 다양한 전공자가 한 해에 수백명씩 쏟아져 나오고 있었다. 또한 고시 낭인을 줄이고 싶다면 사법시험을 1년에 두 번 치르게 하여 빨리 회전시켜주면 된다. 그렇다면 사법시험 선발 인원을 1,000명 이상 유지하고, 판검사 숫자를 대폭 늘려서 '소송에서 집행까지' 국민들이 요구하는 법률 서비스를 원스톱으로 해결 해주는 것이 진정한 사법개혁이지, 로스쿨이 무슨 개혁이란 말인가?

친노의 로스쿨은 세계 최고의 국립 로스쿨인 '사법연수원'을 민영화한 것

실제 우리나라는 세계 최고의 국립 로스쿨이 존재하고 있다. 사법연수원이 그것이다. 국가가 2년 동안 최고의 현직 법률가(판검사, 변호사, 법대 교수)를 동원하여 실무를 집중 교육하기 때문이다. 그래서 우리나라는 세계 최고 수준의 균질한 법률 기량을 가진 법조인을 배출할 수 있었다. 현행 로스쿨은 사법연수원을 '민영화'하여 법조인의 질을 현저하게 떨어뜨렸을 뿐이다.

근래 한경오(한겨레, 경향, 오마이뉴스)가 "사시, 개천서 용 나는 시스템 아니다"라고 주장하면서 적극적으로 로스쿨 방어에 나섰는데 아연하지 않을 수 없다.[85] 이들 주장처럼 사시가 개천에서 용나는 시스템이 아니라고 치자. 그렇다면 로스쿨은 개천에서 용 나는 시스템이란 말인가? 한경오는 맹목적인 진영논리에 빠져서 로스쿨을 옹호하고 있지만, 과연 MB 정부나 박근혜 정부가 로스쿨을 도입했다 해도 한경오가 찬성했을까? 한경오는 정신차려야 한다.

현대판 음서제 '로스쿨' 폐지 주장하는 친노 정치인 봤나?

친노나 새누리당 모두 "로스쿨 폐지하자"는 소리 안 한다. 이들은 스타일만 양복입을까 빽바지 입을까를 두고 다툴 뿐이지, 정체성에서 한 치도 다를 바 없기 때문이다. 그런데 친노들보다 새누리당이 더 개혁적인 건(?), 새누리당도 로스쿨을 폐지하자는 소리는 안 하지만, 그래도 새누리당은 "로스쿨과 함께 사법시험을 병존시키자"는 주장이라도 한다는 점이다. 그러나 친노들은 가타부타 말이 없다.

로스쿨 만들고 사법시험을 폐지하여 관악구 경제를 몰락시킨 친노 새민련은 2015년 4월 29일 관악을 보궐선거에서 패색이 짙어지자 "사법시험 꼭 살

---

85) 2015/07/05 [한겨레] 사시존치론, 해법 아니다.
2015/07/19 [경향신문] [아침을 열며] 사시, 개천서 용 나는 시스템 아니다

리겠습니다"는 현수막을 걸었다.[86] 기가 막혔다. 살릴 거라면 정권 잡고 왜 폐지했나? 이런 정치 집단을 국민이 어떻게 신뢰할 수 있겠나? 일관성이라도 있어야 할 것 아닌가? 그 다음이 가관이다.

친노들은 선거에서 패배하자 사법시험 유지 및 로스쿨 폐지에 아무 관심이 없다. 그러니까 친노 세력이 뭘 해도 국민이 신뢰를 안 하는 거다. 그러니까 친노들이 새누리당에게도 늘, 무슨 일이 일어나도, 텃밭에서도 판판이 깨지는 거다. 친노들은 국민이 무식해서, 국민이 깨어있지 못해서 그렇다고 '싹수 없는' 소리를 늘어놓지만, 친노들이 4·19 직후의 자유당보다도 더 몰락한 데에는 다 그만한 이유가 있는 법이다. 친노가 아무 관심 없는 사이에, 새누리당 후보로 당선된 오신환 의원은 '사법시험 존치 법률안'을 제출했고, 친노도 아닌 조경태 의원이 '사법시험 존치 법안' 발의에 나섰다.[87]

사법시험은 가장 서민 친화적인 제도

사시 존치와 로스쿨과의 병존으로는 부족하다. 로스쿨 폐지하여 사법시험으로 일원화하고, 원하는 사람 모두 응시 자격을 주어야 한다.

사법시험은 재력이 있든 없든, 대학을 나왔든 못 나왔든, 정규 교육을 받았

---

86) 2015/04/24 [뉴스1] http://news1.kr/photos/view/?1332602
87) 2015/08/19 [뉴스1] 조경태 의원, 野의원 최초로 사시 존치 법안 발의
　　로스쿨출신 의원 자녀 '특혜취업' 논란에 존치 목소리 높아

든 못 받았든, 남자든 여자든, 20살이든 80살이든, 장애가 있든 없든, 어느 지역출신이든, 오직 실력으로 승부해서 경쟁할 수 있는 가장 서민 친화적 시험제도다. 그러나 로스쿨은 서민 자녀들의 기회조차 박탈하고 있다. 그렇지 않아도 신자유주의 양극화 때문에, 시험을 치러 뽑아도 있는 집 자식들이 유리한 실정이다. 그러나 로스쿨은 아예 기회조차 주지 않겠다는 것이다. 부당한 일이다. 로스쿨 폐지하고 사법시험 선발 인원 1,000명 이상 유지하는 것이 진정한 개혁이다.[88]

4. 농민에 대한 복지제도였던 이중곡가제 폐지

이중곡가제(추곡수매제)란 정부가 쌀, 보리 등 주곡을 농민으로부터 비싼 값에 사들여 이보다 낮은 가격으로 소비자에게 파는 제도를 말한다. 이 제도는 1971년 대선에서 DJ가 도입을 주장했고, 70년대 후반 박정희 정권이 도입하였는데, 농민에 대한 사실상 '복지제도 역할'을 해왔다. 전두환 정권도 폐지 못한 게 바로 이중곡가제였다.

이 이중곡가제를 '글로벌 스탠더드(WTO규범)'에 반한다며 별다른 협상을 할 생각도 없이 화끈하게 폐지한 게 바로 '사람사는 세상'을 외치면서 꼭지점

---

88) 2014/02/05 [문화일보] '흔들리는 로스쿨'… 시행 5년에도 "전면개편" 목소리 "質저하 우려 등 현실화"… '司試유지' 주장까지 나와 로스쿨측 "제도 보완을"
   2013/11/01 [법률저널 사설] 참여연대 '로스쿨 점검보고서'의 허점
   2013/09/11 [조선일보] 로스쿨의 근본적 문제점은 보완해야 이관희 경찰대 교수 대한법학교수회장
   2013/11/21 [노컷뉴스] 변협 "사시 유지해야" vs 로스쿨측 "법대로 폐지해야"

댄스를 추던 참여정부다(2005년). 이에 반대한 농민을 두 명이나 무참히 폭행하여 사망에 이르게 한 게 바로 참여정부의 이해찬 총리 시절이었다.[89] 참여정부는 이중곡가제 대신 직불금 제도를 도입하였다. 이는 정부가 시장개입을 하지 않는 대신에 쌀값 하락분에 대해 일정부분 직접 보전해주는 제도이다.

그러나 이 직불금 제도는 제도 자체가 역진적으로 설계되어 농민의 양극화를 부추길 뿐만 아니라, 제도의 도입에도 불구하고 농가의 실질소득은 심각하게 하락한 것으로 나타났다.[90] 강기갑 의원에 따르면 추곡수매제가 마지막으로 시행되었던 2004년 쌀농가소득 대비 2005~2009년 농가 실제소득(물가인상률+생산비증가율 반영) 감소액 합계는 무려 '9조원'에 달하는 것으로 분석되었다.[91] 벼룩의 간을 빼 먹어도 유분수지, 농민 몫의 소득이 연간 9조원이나 줄었다는 게 얼마나 기가 막힐 일인가? 그나마도 허술하게 도입하여 이 직불금을 농민이 아닌 부재지주가 부정 수령하는 일이 허다하고, 나아가 부재지주의 양도세 면탈 수단으로 전락하고 말았다.[92] 친노가 늘, 항상, 판판이 깨지는 데에는 다 그럴만한 이유가 있는 법이다.

---

89) 2005/12/19 [YTN] 잇단 농민 사망에 농민 반발 심화
   2005/12/20 [프레시안] "사람 때려죽이라고 대통령 뽑아준 게 아니다"
90) 2013/02/25 [국민일보] 쌀 농가 소득, 추곡수매제(이중곡가제) 폐지후 급감… 소득보전 대책 시급
91) 2010/11/26 [국회뉴스] [보도 강기갑] 올해 쌀농가 실질소득 1조6,511억원 감소 예상, 2005년 추곡수매제 폐지 이후 5년간 쌀농가 소득 약 9조원 감소
   2011/11/04 [농업인신문] 추곡수매제 폐지 이후 7년간 실질소득감소 누적액 15조원에 달해
92) 2008/10/19 [한겨레] [편집국에서] '농자천하지대봉'
   2008/10/16 [매경] 참여정부 쌀직불금 문제 알고도 덮었다/작년 7월 개선안 마련하고도 추진 안해

5. 영리병원 도입 및 보편적 복지 반대

국민 건강보험의 근간인 당연지정제 완화

참여정부, MB 정부, 박근혜 정부가 일관하여 추진 기회를 타진하는 것 중 하나가 바로 '의료 민영화', 즉 "의료도 산업이다"는 논리이다.[93]

의료 민영화=의료 사유화를 이해하기 위해서는 우선 우리나라 건강보험체제의 근간을 이해해야 한다. 세계가 부러워하는 우리나라 국민건강보험은 ▲법률에 의해 전 국민 건강보험 강제가입(국민건강보험법 5조) ▲보험자는 국가기관인 국민건강보험공단(同法 12조) ▲요양기관 비영리 당연지정제(同法 40조4항) 세 가지를 핵심 근간으로 하고 있다. 이 세 가지가 공보험인 국민건강보험을 유지하는 근간이다.

지면의 제약으로 '요양기관 비영리 당연지정제'에 대해서만 설명하겠다. 이 요양기관 당연지정제 규정으로 인해 우리나라의 모든 병의원, 약국, 보건소 등은 건강보험 적용을 거부할 수 없다. 따라서 이 당연지정제의 반사적 효과

---

93) 2015/05/18 [프레시안] 朴 정부, 끝내 영리 병원 1호 밀어붙이나?
2015/11/13 [연합] 원유철 "盧전대통령도 서비스산업 육성 필요성 강조"
위 2015/11/13 연합뉴스 기사에서 원유철 새누리당 원내대표는 노무현 전 대통령이 지난 2006년 신년연설을 통해 서비스산업 육성과 교육, 의료 서비스의 개방 필요성을 역설했다는 점을 언급한 뒤 "노 전 대통령이 일자리를 위해서는 교육과 의료 분야를 과감하게 개방할 필요성이 있다고 이미 10년 전에 얘기했다는 게 정말 놀랍다"고 강조한 바 있다. 나아가 "과거 집권 당시에는 필요성을 호소하다가 야당이 되면 왜 덮어놓고 무조건 반대만 하는지 참으로 이해하기 어렵다"며 새민련을 향해 직격탄을 날렸다.

로 우리 국민은 대한민국 어느 병원과 약국을 가도 '건강보험'을 적용받아 병원비 할인 혜택을 받는 것이다.

반대로 참여정부가 추진한 '요양기관 당연지정제의 예외 허용'은, 건강보험을 적용하지 않는 예외를 허용하겠다는 뜻이고 따라서 병원비를 자유롭게 받을 수 있도록 허용하겠다는 뜻이다. 그 취지는 마음껏 병원비를 받을 수 있는 병원이 생겨야 외국 자본의 투자가 늘어날 것이고 고용이 창출될 것이며, 자유경쟁을 통해 의료 기술도 선진화된다는 논리였다. 한 마디로 요양기관 당연지정제의 '예외'를 인정하겠다는 뜻은 "10배 넘는 장사도 있다"는 논리와 똑같은 철학에 근거하고 있다.

우리나라에서 '영리 병원'이 최초로 논의되기 시작한 때는 DJ 정부 말기 '경제자유구역의지정및 운영에관한특별법'(이하 '경제자유구역법')이 제정되었던 2002년이다. 그러나 이때의 외국인 병원은, 외국인이 설립하여 외국 의사가 외국인을 진료하는 말 그대로 '외국인 전용 의료기관'이었다. 그러나 참여정부는 2005년, 2007년 한나라당의 열렬한 지지속에 경제자유구역법을 잇따라 개정하면서 국내 자본의 참여 및 '내국인'까지 진료를 허용하고, 건강보험의 근간인 '당연지정제'의 예외를 허용하여 영리 병원을 도입하였다.[94]

제주도에 '요양기관 당연지정제의 예외를 허용'하여 영리병원을 도입한 것이 바로 참여정부 전성기 2006. 2. 21.이었다(시행 법률 제7849호. 제주도

---

94) 2012/11/22 [프레시안] "돈 없어 치료 못받고 죽는 국민" 개탄하던 노무현은 왜…

특별자치도설치및국제자유도시조성을위한특별법 192조4항). 당시 저 제주 특별법 통과시키려고 공청회마저 원천 봉쇄한 것이 바로 참여정부였다.[95] 붕 어빵에 붕어가 없듯, 참여정부에는 참여가 없었다. 참여정부에 맹종하고 뇌 동하는 극렬 친노의 참여만 있었을 뿐이다.

참여정부 〈의료산업 선진화 위원회〉 위원장이었던 이해찬 총리

2005년 10월 출범한 '의료산업 선진화 위원회'의 명칭에서 알 수 있듯, 참여 정부에게 의료는 국민의 건강 기본권을 보장하기 위한 도구가 아니라 '산업'이 었고 '성장 동력'이었다. 이게 바로 '정치철학'의 문제다. 어떻게 의료가 산업인 가? 의료를 산업으로 인식하는 순간 '의료 사유화' 정책은 당연한 귀결이다.

연합뉴스가 2008년 8월 3일 폭로한 참여정부 국무조정실 산하 의료산업발 전기획단의 제2차 의료산업선진화위원회 심의안건(2006.3.14) 대외비 문서 에 따르면, 의료산업 선진화위는 2005년 말부터 2006년 초까지 네 차례 의 료제도개선소위를 열어 '제주도 영리 의료법인 허용, 민간(의료)자본 활성화 방안 등을 논의'한 것으로 돼 있다.

특히 의료 영리화 논란의 주요 이슈인 영리병원 허용, 민간 의료보험 활성 화, 건강보험 역할 축소 등과 관련, 참여정부는 "추진 과제로서 영리 의료법

---

95) 2005/11/22 [한겨레] 원천봉쇄한 제주특별법 공청회는 무효
    2005/11/12 [제주일보] 특별법 공청회 또 다시 파행·· 지역사회 후유증 예고

71

인, 민간 의료보험, 건강보험수가제도는 의료서비스 경쟁력 강화를 위해 제도 개선 과제로 논의돼야 한다는 데에 정부 내 이견이 없음"이라며 적극 추진 의사를 내비쳤다. 나아가 "보완적 관계를 통해 민간보험이 공보험(건강보험)과 더불어 국민 의료보장의 한 축을 담당할 수 있도록 역할 분담 방안을 마련해야 한다"고 주장했다.

의료산업 선진화위 출범 이전에 이미 2005년 3월 열린 '서비스산업 관계 장관회의'에서는 ▲단계적 영리법인 병원 허용 ▲민간의료보험 활성화 등이 논의됐다. 이는 건강보험 '요양기관 당연지정제 폐지'와 함께 의료사유화의 핵심정책들로, 박기영 청와대 정보과학기술보좌관은 노골적으로 보충형 민간의료보험과 주식형 영리법인 병원의 도입을 제안한 바 있다.

이처럼 참여정부의 의료산업 선진화 방안은 MB 정부와 아무런 차이가 없었고 실제 MB 정부도 "참여정부가 다 했던 일인데 왜 우리에게만 욕을 하느냐"는 투로 항변하였다. 이른바 '참여정부 설거지론'(참여정부의 과오를 이명박 정부가 뒤집어썼다는 주장)이 나온 것이다.[96] MB 정권도 이러한 참여정부의 '의료 산업의 성장동력화' 정신을 그대로 수용하고 진화 발전(?)시켰다.[97] 명칭만 참여정부 때는 '영리병원 또는 의료민영화'라 했고, MB 정부는 '투자개방형 의료법인 또는 국제병원'으로 달리 불렀을 뿐, 그 내용은 똑같다.

---

96) 2008/08/03 [연합뉴스] "의료 영리화, 노무현 정부 역점 사업"
97) 2011/06/22 [프레시안] '마이웨이' MB 정부 "'양극화'는 갈등유발형 용어"
    박재완 "감세철회 없다… 영리병원 역점 추진"

오죽하면 친노 세력의 기관지 노릇을 하고 있는 오마이뉴스조차도 참여정부의 의료민영화 정책을 질타하고 나섰겠는가? 2014년 1월 17일 오마이뉴스는 「민주당 의료민영화의 원조? 새누리당 지적이 맞다. [오마이팩트] 노무현 정부, 의료사유화 정책들 적극적으로 추진」이라는 용기있는 기사를 내고, 참여정부의 '의료사유화 정책'을 조목조목 언급하고 있다.[98] 그 기사의 일부만 소개한다.

노무현 정부는 아예 당연지정제를 폐지하는 방안까지 검토했다. 노무현 정부 초기 국민건강보험공단 이사장을 지낸 이성재 복지국가소사이어티 정책위원은 "이러한 의료민영화의 추진은 참여정부 후반기 들어 의료민영화 법안의 국회 제출로 대미를 장식"했다(프레시안)고 꼬집었다. 그가 언급한 '의료민영화법안'은 노무현 정부가 지난 2007년 5월 국회에 제출했던 의료법 전면개정안을 가리킨다.

여기에는 ▲영리법인인 경영지원회사 설립 ▲병·의원의 인수합병 가능 ▲보험회사의 환자 알선 허용 등이 포함돼 있었다. 건강보험의 비급여서비스에 국한된 것이지만 "우리나라 국가의료체계를 '식코'의 세상으로 만들어버리는 데 결정적 활로를 열게"(〈의료민영화 논쟁과 한국의료의 미래〉) 할 법안으로 평가받았다. **이러한 의료법 전면개정을 주도한 이는 당시 유시민 보건복지부장관이었다.**

---

98) 2014/01/17 [오마이뉴스] 민주당이 의료민영화 원조? 새누리당 지적 맞다
　　[오마이팩트] 노무현 정부, 의료사유화 정책들 적극적으로 추진

문재인의 영리병원 반대? 믿을 수 있나?

2012년 10월 29일 MB 정부가 '경제자유구역 내 외국외료기관의 개설허가절차 등에 관한 규칙'을 고시함으로써 영리병원을 노골화하자 당시 문재인 대선 후보 측은 "영리병원 반대한다"며 목소리를 냈다.[99] 과거 자신들이 한나라당과 대연정하여 펼친 정책과 똑같은 정책을 펼치는데 반대하고 나선 것이다. 이제 와서 반대할 거라면 정권 잡고 왜 추진했나? '영리병원 반대' 이전에 영리병원을 적극적으로 추진했던 자신들의 과오에 대해 진지하고 성실한 사과가 있어야 하지 않나? 이런 정치 세력을 국민이 어떻게 신뢰할 수 있겠는가? 새누리당은 일관성이라도 있지 않은가?

국민이 친노 세력을 신뢰하지 않는 데에는 다 그만한 이유가 있는 것이다.

참여정부 한미 FTA의 의료시장 개방

참여정부가 체결하고 MB 정부가 비준한 한미 FTA에서도 의료시장은 개방됐다. 참여정부는 한미 FTA에서 공공부문은 지켜냈다고 주장했지만, 새빨간 거짓말이다. 한미 FTA 협정 Annex Ⅱ에서는 '보건의료서비스'를 유보사항으로 규정하였다. 유보사항이라는 말은 쉽게 말해 "보건의료서비스를 개방 대상에서 제외했다"는 뜻이다. 이걸 두고 "의료부분은 개방하지 않고 지켜냈다"고 새빨간 거짓말을 한 것이다.

---

99) 2012/11/02 [프레시안] 문재인−안철수 "영리병원 반대" 한 목소리

그러나 단서를 달아 경제자유구역운영및지정에관한법률과 제주특별자치도설치및국제자유도시조성을위한특별법에 규정된 의료기관 및 약국에는 위 유보조항의 적용을 '배제'하고 말았다.[100] 법 조문을 이해하기 어려운 일반 국민을 기망한 것이다. 결국 참여정부의 한미 FTA에 의해 '경제자유구역과 제주도의 의료기관과 약국'은 개방된 것이다. 나아가 그 폐해가 어디에 미칠지 가늠하기도 어려운 '원격의료서비스' 허용의 길도 터주었다.

처음엔 다 이렇게 시작하는 것이다. 1876년 한일 FTA(강화도조약)도 처음엔 부산, 원산, 인천만 개방하지 않았나? 그러나 35년 만에 병탄까지 당했다. 전국에 걸쳐 있는 경제자유구역 여섯 군데와 제주도를 개방한 것이면 다 개방한 것이나 마찬가지다. 이 여섯 군데가 어떻게 전국적으로 확산되는지에 대해서는 지면상 자세히 언급할 수 없으니, 내 블로그 "영리병원, 안 된다" 글을 참고하시라.

참여정부가 영리병원에 적극적이었던 것은 삼성 공화국이라는 세간의 의혹과 깊은 관련이 있다. 참여정부는 2005년 9월 보험업법을 개정해 삼성생명 같은 생명보험회사도 실손 의료보험을 팔 수 있도록 허용했다.[101] 그 결과 2008년 기준, 전체 가구의 76%가 민간의료보험에 가입, 한 가구당 가입한

---

100) 한미자유무역협정 부속서 II, 대한민국 유보목록

대한민국은 **보건의료서비스와 관련하여** 어떠한 조치도 채택하거나 유지할 **권리를 유보한다.** (그러나-필자) 이 유보항목은 **경제자유구역의 지정 및 운영에 관한 법률**(법률 제8372호, 2007. 4. 11) 및 **제주도특별자치도 설치 및 국제자유도시 조성을 위한 특별법**(법률 제8372호, 2007. 4. 11)에 규정된 의료기관, 약국 및 이와 유사한 시설의 설치와 그 법률에서 특정하고 있는 지리적 지역에 대한 원격의료서비스 공급과 관련한 우대조치에 대하여는 **적용되지 아니한다.**

101) 2012/11/22 [프레시안] "돈 없어 치료 못 받고 죽는 국민" 개탄하던 노무현은 왜....

보험수가 3.6개, 가구당 월평균 보험료 21만 원, 전체 국민 부담 22조원을 민간의료보험에 쏟아 붓고 있다고 한다((2008년, 한국의료패널).[102]

각자 알아서 살아라!

새민련의 한 국회의원은 정책 자료집에서, 2012년 기준 전체 가구의 80.4%가 민간보험에 가입했고, 한 가구당 가입한 보험상품 수는 평균 5.78개, 가구당 월 평균 보험료 34만3488원을 재벌 보험사에 쏟아붓고 있다고 발표한 바 있다.[103] 이 자료가 사실이라면, 우리 국민이 민간 보험사에 쏟아붓고 있는 돈은 연간 최소 40조 원이 넘는다. 참여정부는 건강보험 보장성을 강화하려는 게 아니라, 민간보험을 활성화하는 방법을 택한 것이다. 이는 공보험인 건강보험에 대한 심각한 위협이 아닐 수 없다.[104]

복지국가소사이어티가 제시하는 '건강보험 하나로' 정책에 따르면, 건강보험료를 인상하여 '가구당 월평균 약 3만원(개인당 월평균 1.2만원)'을 더 걷으면 약 15조원에 이르는 추가재원을 확보할 수 있고, 건강보험 보장률을 90%까지 끌어 올려 사실상 무상의료를 실현할 수 있다고 한다.[105] 가구당 월 평균

---

102) 2012/06/25 [프레시안] 민간의료보험 보장성, 로또보다 낮아!

103) 2015/10/08 [한겨레] 민간의료보험료 한달 평균 34만원 낸다

104) 2012/06/25 [프레시안] 민간의료보험 보장, 로또보다 낮아

105) 2011/05/13 [프레시안] "1만1000원만 더 내면 '무상의료' 성큼", "건강보험 하나로, 당장 실현가능한 무상의료 해법"
2012/10/17 [프레시안] "내가 건강보험료를 30%나 더 내고 싶은 이유"
2010/07/11 [경향신문] [건강보험 하나로 모든 병원비를+](1) 민간보험에 쪼들리는 서민

3만원(연간 36만원)을 더 걷으면 국민 누구나 사실상 무상 의료의 혜택을 받을 수 있는데, 정치가 이 문제를 해결하지 못하니, 국민이 각자 알아서 민간 의료보험에 쏟아붓는 돈이 가구당 월 평균 34만원(연간 408만원)이라는 것이다. 이 얼마나 미련한 민족이란 말인가.

참여정부가 '의료 공공성 강화'에 대한 확고한 정치철학이 있었다면 이 같은 의료 민영화 정책을 태연히 허용할 수 없었을 것이다. 참여정부의 잘못된 정책이 향후 후손들이 추진해야할 의료 공공성 강화에 엄청난 장애와 부담이 될 것은 명약관화하다. 건강보험 보장성을 강화하려 해도 참여정부가 허용한 민간 의료보험과의 충돌을 어떻게 조정하느냐가 심각한 관건이기 때문이다. 또한 건강보험 보장성을 현재 62%에서 90% 이상으로 강화하려고 해도, 미국계 민간 보험사의 이익을 침해하였다는 이유로 ISD에 의해 제소 당할 가능성도 매우 유력하다. 참여정부는 한 마디로 아무런 철학도, 신념도, 노선도, 가치도 없었던 정권이다.

진보는 분열로 망하는 것이 아니라 짝퉁이 진품 행세하니까 망하는 것이다.

참여정부 복지부 장관으로서 확고한 의료 민영화 철학을 바탕으로 언론과 시민단체로부터 역대 최악의 복지부 장관이라는 평가를 받았던 유시민 전 장관이[106] 노회찬, 진중권과 함께 아직도 '진보' 행세를 하고 있으니 참으로 기

---

106) 2005/09/17 [이데일리] "유시민은 그 뻔뻔함을 믿을 수 없다"
　　2007/06/11 [프레시안] "최악 FTA협상 장본인 유시민부터 청문회 세워야"

가 막힐 노릇이다.

유시민 전 장관은 복지부 장관을 사임하고 2007년 7월 출간 한 그의 책 「대한민국 개조론(돌베개刊)」에서 "증세를 통한 무상의료는 세상물정 모르는 터무니없는 구상"이라고 새누리당과 똑같은 주장을 했다.[107] 이처럼 친노들이 "무상의료는 정책이 아니다"라고 주장하는 사이, 12년 대선에서 박근혜 후보조차 '4대 중증 질환의 100% 보장'을 약속하여 사실상 '무상의료'를 공약했다.

참여정부가 국민의 외면을 받은 이유는 김진표, 유시민, 이광재, 김병준, 이종석, 한명숙, 이해찬 같은, 한나라당과 다를 바 없이 무능한 사이비 진보 세력이 진보를 참칭했기 때문이다. 진보는 분열로 망하는 것이 아니라 짝퉁이 진품 행세하니까 망하는 것임을 알아야 한다. 대한민국에서 가장 보수적인 지역으로 알려진 대구 출신 유승민 의원조차도 "증세 없는 복지는 허구"라고 주장하는 판국인데,[108] 친노들 중에 정권잡고 유승민 만큼이라도 참여정부의 신자유주의 역주행에 대해 반발한 정치인이 있나? 친노들이 늘 깨지는 데에는 다 그만한 이유가 있는 법이다.

한마디만 더. 참여정부 시절 민노당이 주장하는 '무상급식'에 대해 친노들은 "니들은 언제까지 그렇게 세상 물정 모르고 살거니?"라는 투로 대응했다.

2007/05/21 [프레시안] "한국 사회복지의 악몽은 유 장관에서 끝나야" 보건의료단체, 유시민 복지부장관 사퇴에 '환영'

107) 유시민著, 대한민국 개조론(경기 파주, 돌베개, 2007), p. 152

108) 2015/04/09 [중앙일보] 유승민 "증세 없는 복지 허구" … 야당 "명연설" 박수

위 유시민 전 장관의 "무상의료는 정책이 아니다"는 언급도 이 같은 연장선상에 있었다. 그러나 2010년 지방선거에서 '무상급식'은 전국을 뒤덮은 정책 아젠다가 되었다. 너도나도 앞다투어 무상급식을 공약했다. 친노는 고작 3년도 내다보지 못했던 것이다. 이런 정치세력을 국민이 어떻게 신뢰할 수 있겠나?

6. 터무니없는 대미 굴욕 외교

참여정부의 자주외교는 허구였다. 역대 최악의 굴욕 외교였다

노무현 대통령은 집권 첫 정치행위로 2003년 3월 15일 대북 송금특검을 발표하고, 곧바로 2003년 5월 미국을 국빈 방문한다. 이때 노무현은 대통령은 코리아 소사이어티(회장 그레그 전 주한미대사)가 주최한 만찬연설에서 "53년 전 미국이 도와주지 않았더라면 저는 지금쯤 정치범 수용소에 있을지도 모릅니다"라고 발언하여 파문을 일으킨다.[109] 차마 박정희, 전두환도 안 했던 발언이다. 국가원수로서는 치욕적인 발언이었고 지지자들은 아연실색했다.[110] 이명박, 박근혜가 이런 발언을 했다면 친노들이 어땠겠나? '굴욕'이라며 촛불 들고 난리치지 않았겠나? 이 외에도 "현 단계에서 북한과 정치적, 경제적 공동체를 만드는 것에 대해 회의적이다", "북한 정권을 믿지 않는다" 등 워싱턴-도쿄-서울의 냉전 세력들이 환호할 발언을 쏟아냈다.

---

109) 2003/05/13 [한국일보] [노대통령 방미] 盧 "美 없었다면 난 수용소에…"
110) 2003/05/17 [한국일보] 盧 對美 對北觀 바뀌었나/갑작스런 변신… "국민이 어리둥절"

친노들은 이를 두고 '현실주의, 실용주의 외교'라고 정신나간 주장을 했다.[111] 국민과 지지자들에게 부끄러운 줄 알아야지, 어디다 '현실주의'를 갖다 붙이나? 저 발언이 누구 아이디어였는지 논란이 분분한데, 유명한 486핵심 측근의 아이디어였다는 것이 유력한 견해다.

아마 노무현 대통령이 저런 발언을 한 이유는 북핵 문제를 해결하기 위해서였을 것이다. "일단 부시가 하자는 대로 해주자. 그러면 부시도 사람인데 우리의 요구를 외면하겠어?" 하는 참으로 순진무구하고 백지 같은, 정말 좋게 얘기해서 낭만적인 접근(starry approach)을 한 것이다.

2004년 9월 유엔총회에서 코피 아난 유엔사무총장은 미국의 이라크 침략을 '불법 전쟁'이라고 규정한 바 있다. 그런데 참여정부는 이 전쟁에 파병까지 했다. 그리고 이라크 파병과 북한 핵 문제 해결을 연계하려다가 미 국무장관 파월에게 욕을 바가지로 얻어먹기도 했다.[112] 국제정치에서 연계를 하려면 등가성이 있고 레버리지가 될 수 있는 사안을 연계해야 한다. 그러나 한국이 파병 안 한다고 미국이 이라크 전쟁을 못하는 것도 아니고, 패배하는 것도 아니다. 이처럼 참여정부는 연계시킬 수 없는 사안을 연계하려는 순진한 접근으로 욕만 먹었다.

111) 2003/05/17 [한겨레] 노대통령 방미결산간담회/'대미 저자세' 비판에 '실용주의' 대응
2005/01/06 [경향신문] [오늘] '실용주의' 유감

112) Samuel. Kim 著, The to koreas and the great Powers(2006, Cambridge 刊), p270.

이러한 접근의 가장 핵심적인 문제점은 북한과 관계 개선을 외면한 채, 미국 바짓가랑이를 붙들고 북핵 문제를 해결하려다가 파국을 맞았다는 점이다. 이건 근본적으로 '외교안보 철학'의 문제이다.

한반도는 세계 4대 강국의 핵심이익이 예각적으로 교차하는 지역이다. 이러한 지정학적 운명으로 인해 한반도 문제는 단순한 '민족 문제'에 머물지 않고 '국제 문제'로까지 확장되는 이중적 성격을 겸유하고 있다. 따라서 북한이 상투적으로 주장하는 '우리 민족끼리'라는 '민족공조 만능론'도 국제정치 현실을 외면한 공론^{空論}에 불과하고, 한국의 냉전세력이 미국만 바라보며 지침을 기대하는 '국제공조(한미동맹) 만능론'도 우리의 길이 아니다. 美中이라는 거대 giant 앞에서 한반도 문제를 지나치게 국제화하면 할수록 우리 발언권과 이익을 보전하기 어렵기 때문이다. 열린 자주이어야 하지 배타적 자주로는 곤란하며, 남북 주도의 국제공조이어야 하지 美中 주도의 국제공조도 곤란하다.

요컨대, 한반도 문제 해결을 위해서는 남북 주도의 국제공조와 민족공조의 병행이 필수적이고 어느 한쪽에 매몰되어선 문제 해결은 요원하다. 참여정부가 이러한 확고한 철학이 있었다면 한반도 문제를 미국에 전적으로 의존하는 (국제공조 만능론) 무모하고 미련한 행위는 하지 않았을 것이다.

대통령의 외교적 발언은 한 글자 한 글자 계산된 발언이어야 하고 안정감과 신뢰감을 주어야 한다. 대통령은 개인이 아니다. 헌법상 국가를 대표하는 국가 원수로서의 지위를 갖고 있다. 그런데 미국 방문에서 위 발언만 있었던 게 아니다. 노무현 대통령은 "미국의 대북 공격 위협이 북핵 문제 해결에 도움이 된다"는 한나라당 강경파 같은 발언까지 해서 지지자 뿐만 아니라 전 국민을 어리둥절하게 했다.[113] 오죽하면 한겨레21이 "차라리 사진만 찍고 오시지…"라는 기사를 냈겠는가.[114]

도대체 그의 진의가 무엇인지 알 수가 없었다. 이런 일련의 발언으로 인해 노무현 대통령은 서울, 워싱턴, 동경의 냉전 세력과 친노 맹동주의자들로부터 '실용주의 실리외교'라고 극찬(?)을 받았다.[115]

그러나 본인도 부끄러웠는지 후일 저 수용소 발언이 가장 수치스러웠다고 주변 인사에게 고백했다고 한다.[116] 20~30년은 고사하고 불과 2~3년도 안 돼 부끄러워할 발언을 왜 하는가? 그게 무슨 정치 지도자인가? 이런 정치 지도자를 어떻게 신뢰할 수 있겠는가? 술자리에서 울분 토하는 장삼이사와 뭐가 다른가? 심모원려 없이 이쪽 끝에서 저쪽 끝으로 널뛰다 역대 정권사상 미국에게 가장 많이 퍼준 정권이 바로 참여정부다. 참여정부는 사실상 '한나라당 정권'과 다를 바 없었고 호남과 개혁 세력은 죽 쑤어 개 준 것이다. 계속 보자.

---

113) 2003/05/16 [오마이뉴스] "북한 정권 믿지 않고, 동의 안해. 美 군사적 위협, 북핵해결에 도움" 노무현 대통령, 15일 미국 PBS인터뷰서 '대북 강경 발언'
2003/05/16 [연합뉴스] 盧 대통령, "美 공격위협 북핵해결에 도움"

114) 2003/05/22 [한겨레21] 차라리 사진만 찍고 오시지…
2003/05/29 [한겨레21] 왜…… 왜 그랬어!

115) 2003/05/14 [세계일보] 盧대통령 첫 訪美 – 盧 실리외교 "눈에 띄네"

116) 2006/09/22 [오마이뉴스] 정치범 수용소 발언 가장 수치스럽다.

참여정부 전반기 3년간 미 백악관 국가안전보장회의 아시아 선임보좌관을 역임했던 마이클 그린 선임보좌관이 국내 언론과 인터뷰한 내용을 보자. 그는 노무현 대통령이 '한미동맹 재조정'에 기여한 공로를 전두환, 노태우 이상이라고 평가한다.

> "주한미군 용산기지 이전 등 정책적으로 한미동맹에 크나큰 기여를 했다. **그 기여도는 전두환, 노태우 정부 못지않다. 어떤 의미에서는 그들 이상이라고 생각한다.** (그러나) 노무현 대통령은 국내를 의식한 반미 발언으로 미국을 당혹시켰다."[117]

조선일보 강천석 칼럼을 보자.

> 사실 노무현 정권은 반미와는 거리가 멀었습니다. 이라크 및 아프가니스탄 파병, 주한미군의 주둔 비용 부담 확대, 주한미국 감축 동의, 한미 FTA 체결 등 **미국이 바라는 대로 모든 것을 내주었습니다. 문제라면 오히려 내준 만큼 받아내지 못했다는 데 있는 거지요. 실리를 내주면서 대신 정권 지지층의 일부인 반미자주세력의 입맛을 돋워 줄 반미 언동**言動의 자유를 택한 셈입니다.[118]

참여정부는 반미는커녕 자주와도 거리가 멀었던 정권이다. 후술하겠지만, 그리고 마이클 그린도 인정했듯이, 참여정부가 한미동맹 재조정에 기여한 공로는 전두환 정권 이상이다. 그들은 '자주' 레토릭을 국내 지지자 결집에 이용

---

117) 2008/03/19 [프레시안] 용산기지 이전 비용을 우리가 부담할 줄 몰랐나?
118) 2008/01/03 [조선일보 강천석 칼럼] "당신 친미파구먼....나가 있어"

했을 뿐이다. 그리고 그 발언을 주워 담기 위해 천문학적인 혈세를 퍼주어야 했다(후술).

소리 없는 4대강 사업인 미군기지 이전(YRP/LPP) 비용 덤터기 및 한반도 안보 소용돌이를 초래할 주한미군 전략적 유연성(Strategic flexibility) 수용

일반 국민들에게는 너무 어려운 주제이지만 아무도 언급을 안 하기 때문에, 나라도 언급을 안 할 수 없다. 한미 FTA만큼이나 어려운 주제라서 쉽게 설명하자면 책 1권 분량이 필요하다. 지면의 제약 때문에 핵심만 언급하겠다. 자세한 내용은 내 블로그 '국제정치, 남북관계' 카테고리 관련 글들을 참고하시라.

결론부터 언급하겠다. ▲주한미군 기지 이전 사업(YRP/LPP) ▲주한미군의 전략적 유연성(Strategic flexibility) ▲MD ▲제주 해군기지 건설은 미국의 해외주둔 미군 재배치(GPR/Global Posture Review)와 피봇 투 아시아(Pivot to Asia) 정책의 일환으로, 모두 한 세트로 이루어지는 것이다. 이게 핵심이다.

냉전종식 이후 대규모 병력이 전선을 두고 대치하며 죽고 죽이는 재래식 전쟁 가능성은 현저하게 줄어든 반면, 예상치 못한 지역에서 각종 테러 행위(9. 11테러 같은), 민족 분쟁, 종교 분쟁, 영토 분쟁, 또는 이들 모두가 여러 가지 형태로 결합한 분쟁이 빈번해지기 때문에, 그때그때 '신속하게' 병력을 해당 지역에 투입하지 않으면 새로운 안보환경에 적응할 수 없다는 것이 미

국의 판단이다.

이런 미국의 변화된 전략에 맞게 주한미군을 신속화, 경량화, 공군력 강화로 재편하고, 이런 새로운 기능에 걸맞는 최신 주한미군 기지(지휘, 통제, 통신, 컴퓨터, 정보체계의 기반시설을 갖춘)를 한국 국민의 세금으로 건설하여 미국에 제공하라는 것(YRP/LPP)이 미국의 요구인데, 이것이 바로 해외주둔 미군 재배치(GPR/Global Posture Review), 주한미군 기지 이전 사업(YRP/LPP), 주한미군의 전략적 유연성(Strategic flexibility) 문제이다.

비용 추산도 제 각각인 주한미군 기지 이전 사업(YRP/LPP) 합의

용산 미군 기지를 평택으로 이전하는 사업을 YRP(Yongsan Relocation Program)라 하고, 용산 기지 이외에 경기도 북부 전방 미 2사단을 포함한 전국에 흩어져 있는 미군 기지를 통합하여 평택으로 이전하는 계획을 LPP(Land Partnership Plan/한미 연합토지관리 계획)라 한다. 대체 이걸 왜 하는 것일까?

소련이 무너지고 냉전이 종식되면서 더 이상 공산주의 팽창을 저지하기 위한 '붙박이 군대'는 미국에게 필요가 없어졌다. 더 이상 '독일만을 위한 하나의 붙박이 군대', '한국만을 위한 하나의 붙박이 군대'는 필요 없게 된 것이다. 미국에게 이건 낭비였다.

따라서 한국에 주둔하는 미군은 더 이상 '북한'만을 커버하기 위한 붙박이 군대가 아니라, 중국 견제를 포함한 동아시아 지역 전체를 커버하기 위한 지역 기동군(regional force), 붙박이 군대가 아니라 지역 분쟁에 신속하게 개입할 수 있는 '날아다니는 군대', '리베로 군대', '동해 번쩍 서해 번쩍 일지매 군대'로 재편해야 할 필요성이 생겼다. 이를 위해선 전국에 흩어져 있는 주한미군을 해외 분쟁에 투입하기 용이한, 즉 항구와 비행장이 인접한 평택과 오산으로 이전해야할 필요성이 생겼다. 이런 구상이 바로 GPR(Global Posture Review/해외 주둔 미군 재배치)인데, 이 구상은 소련이 무너진 1989년 미국에서 등장했고 2000년대 초반 구체화되었다.

요컨대, 이 주한미군 기지 이전 사업(YRP/LPP)은 냉전종식이라는 국제 안보 환경의 변화에 따른 미국의 세계 전략 차원의 미군 구조조정, 즉 해외 주둔 미군 재배치(GPR/Global Posture Review)의 일환으로 이루어지는 것이다.

참여정부의 새빨간 거짓말

그런데 참여정부는 "주한미군 기지 이전사업은 미국의 해외 주둔 미군 재배치(GPR)와 무관하다"고 새빨간 거짓으로 일관하였다. 이게 왜 중요한 문제냐면, "천문학적인 미군기지 이전 비용을 한국과 미국 중 누가 부담하느냐" 하는 문제와 관련돼 있기 때문이다.

참여정부 주장은 "용산기지 이전사업(YRP)은 미국의 해외 주둔 미군 재배치(GPR)와 무관하게 한국의 요구로 이전하는 것이기 때문에 그 이전비용은 한국이 부담해야 하고, 전방 美 2사단 이전은 미국 요구로 이전하는 것이므로 미국이 이전비용을 부담한다"는 논리였다. 쉽게 말해 용산 미군 기지는 우리가 나가라고 한 것이니 이사비는 주고 내쫓아야 하지 않겠느냐는 것이었다. 그러나 (미 용산기지든 미 2사단이든) 주한 미군기지 이전 사업은 세계 전략 차원의 미군 구조조정의 일환으로 이루어지는 것이고(GPR), 따라서 미국의 필요에 의한 이전이므로 그 비용도 미국이 부담해야 합당하다는 것이 양심적 민주세력의 주장이었다. 그러나 참여정부는 한나라당과 대연정하며 "용산 미군기지 이전 사업은 미국의 해외 주둔 미군 재배치(GPR)와 무관하게 우리가 이전을 요구하는 것이므로 우리 세금으로 이전 비용을 대야한다"고 일관했다.

참여정부의 국민 기만은 2006년 6월 29일 참여연대가 국방부 정책실 자료를 폭로하면서 그 실체가 공개됐다.[119] 그러나 사실은 누구도 용기 있게 말을 못했을 뿐이지 당시 청와대도, 국방부도, 외교부도, 여당도, 야당도 다 알고 있던 내용이다. 국민만 몰랐다. 이게 참여정부였다. 깨어있는 486 국회의원들이 수십 명 있으면 뭐하나? 그 어떤 친노 486 의원도 참여정부의 국민 기만을 빠히 다 알고 있으면서도 저항하지 않았다. 결론적으로 참여정부의 자발적 국민 기만에 의해 미국이 부담해야 할 천문학적 용산 기지 이전(YRP)비용을 한국 국민의 세금으로 부담하게 됐다. 그나마 美 2사단 이전(LPP) 비

119) 2006/06/29 [오마이뉴스] "용산기지 이전은 GPR에 의한 것" 참여연대 입수 국방부 정책실 자료

용은 미국이 부담하기로 발표했다는 것이 위안이라면 위안이었다(그러나 이
마저도 거짓이었다).

 이처럼 주한미군 기지 이전사업(YRP/LPP)의 문제는 바로 '돈' 문제다. '국민
세금' 문제다. 이 비용은 몇천억원 수준에 그치는 게 아니라 최소 '수십 억 달러'
가 들어가는 '조 단위' 사업이다. 참여정부는 용산기지 이전에 30~50억 달러
면 충분하다고 주장했지만 이미 100억 달러를 넘었고, 향후에도 얼마나 더 소
요될지는 실제 이전이 완료되고 비용을 역으로 추산해봐야 알 수 있다.[120] 이미
2013년, 용산 기지 및 미 2사단 이전에 필요한 전체 비용 중 한국 측 부담액은
130억 달러를 넘을 것으로 추정된다는 언론보도도 나왔다.[121]

 그런데 희한한 일이 벌어진다. 한국 국방부 주한미군기지이전사업단은
2007년 3월 20일 용산기지와 미2사단을 모두 평택으로 옮기는 데 총 10조
원(약 100억 달러)이 소요되며 이중 한국의 부담액은 약 5.6조원이라고 발표
한 바 있다.[122] 그러나 2008년 주한미군 사령관은 '용산기지 이전비용'만 100
억 달러(약 10조 원)에 달하며 이를 한국이 대부분(vast majority)을 부담할
것이라고 미 하원 세출위원회에서 밝힌 것이다. 용산 기지+미 2사단 이전하
는 데 한국측 부담은 총 5.6조원이면 충분하다는 한국 측 주장과, 용산 기지

---

120) 2008/03/19 [프레시안] 용산기지 이전 비용, 우리가 부담할 줄 몰랐나
    2008/03/17 [동아일보] "용산기지 이전비용 10조원 한국에서 대부분 부담할 것"
    2008/03/06 [YTN] 벨 사령관, "용산기지 이전 비용 한국이 대부분 부담"
121) 2013/08/13 [민중의 소리] 평택미군기지 이전 비용 16조인데 미군 부담은 1조도 안돼
122) 2007/03/20 [프레시안] 미군기지 이전비 10조, 5조5천억만 한국 부담?

이전에만 10조원에 이를 것이며 그 대부분은 한국이 부담할 것이라는 미국측 주장에 엄청난 간극이 존재하지만, 좋다. 어쨌든 용산기지 이전 비용은 우리가 부담하기로 덤터기 쓰고 싸인 했으니, 양보하고 넘어가자.

문제는 미 2사단 이전 비용이다. "용산기지 이전비용은 한국이, 미 2사단 이전비용은 미국이 부담한다"는 것이 한미 간 합의 내용이었다. 그런데 벨 사령관은 미국이 부담하도록 돼 있는 미 2사단의 이전비용마저 한미 양국이 50 : 50으로 부담하기로 합의했다고 미 하원에 밝혀 파문을 낳았다. 게다가 저 미국이 부담하기로 한 50%조차도 한국이 매년 미국에게 따박따박 월세내듯 지급하는 '방위비 분담금'에서 지출할 것으로 이면합의하여, 결국 전체 이전비용의 93%를 한국이 덤터기 썼다는 것이다.

벨 사령관의 증언 이전에도 한국 시민단체들을 중심으로 똑같은 주장이 있었지만, 이에 대해 참여정부는 '강력하게' 부인해왔고, MB 정부는 '애매하게' 부인해 왔다. 그러나 결국 2011년 9월 위키리스크의 폭로에 의해 그 진상이 드러나고 말았다. 참여정부 시절인 2004년에 이미 미국에 지급하는 방위비 분담금을 미군 기지 이전 비용으로 전용하는 것을 양해했고, 결과적으로 한국이 미 용산기지와 미 2사단 전체 이전비용의 93%를 부담하기로 했다고 전 언론이 대서특필 한 것이다.[123]

---

123) 2011/09/28 [프레시안] 주한미군 이전의 진실 위키리크스에…美 "한국이 비용 93% 부담"
"미군 방위비 분담금 기지 이전에 전용, 2004년 이미 '양해' 있었다"
2011/09/29 [오마이뉴스] 참여정부, 미군기지 이전 비용 은폐했다. 위키리크스 외교문서
공개… "이전 비용 93%가 한국 몫"

결론적으로, 한국 정부가 발표한 주한미군 기지 이전 사업비 약 100억 달러 중 미국은 7%만 부담하고, 한국이 국민 세금으로 약 50%를 부담하고, 43%는 한국이 국민 세금으로 미국에 매년 따박따박 주는 '방위비 분담금'을 전용해 충당하겠다는 것이다(방위비 분담금은 주한미군 이사비용으로 쓰라고 주는 돈이 아니다). 결국 한국 국민 세금이 93% 들어가는 것이다.

이는 용산기지 이전 비용은 한국이 부담하고, 경기 북부 일대 미 2사단 이전 비용은 미국이 부담하기로 한 한미 합의에 정면으로 어긋나는 것이다. 이런 기 막힌 일이 벌어지고 있는 데도, 지금 그 어떤 친노 의원도 이 비용 문제를 마크하지 않는다. 그들은 아예 이런 문제에 관심이 없다. 친노가 자주? 친노가 반미? 소가 웃을 일이다. 그리고 이건 국민의 천문학적 혈세가 투입되는 사업이라서, 이념과는 아무 관련이 없는 문제다. 그런데도 입도 뻥긋하지 못하고 있다.

한편 이 주한미군 기지 이전비용의 총액은, 이미 예상했듯, 시시각각 증가하고 있다.[124] 앞서 언급했듯 한국 국방부는 2007년 용산기지 및 미 2사단 이전에 약 100억 달러가 소요될 것이라고 주장했으나(이중 한국 부담은 약 5.6조원), 미국은 2013년 약 160억 달러 이상이 소요될 것으로 추산하고 있다.[125]

2011/09/28 [한겨레] "미군기지 이전 비용 절반씩 부담 거짓말"
2011/11 [신동아 특종] 방위비 분담금 전용 미군기지 이전비용 對국민 기망, 대북정보 둘러싼 한미 갈등 위키리크스 통해 확인된 '신동아' 특종
124) 2004/11/26 [연합뉴스] "용산기지 이전비용 상당부분 증대 가능성"
125) 2013/08/13 [민중의 소리] 평택미군기지 이전 비용 16조인데 미국 부담은 1조도 안돼

비용 추계가 사실상 불가능한 환경오염 치유 비용 덤터기 쓴 참여정부

주한미군 기지 이전 비용만 문제가 아니다. 그동안 주한미군이 한국 땅을 점유하면서 마음껏(?) 오염시켜 놓은 땅을 정화해야 한다. 이 정화비용이 얼마가 필요한지, 사실 전문가들도 똑 부러진 대답을 못한다. 언론은 최소 5,000억원이 소요된다고 인용하는데, 12조원이 투입되어야 할 것이라는 연구자도 있다.[126] 문제는 이 비용을 누가 댈 것인가이다.

이 주한미군 기지 오염 정화비용에 대해서도 2004년 10월 참여정부 외교부는 "미군이 치유비용을 부담하기로 합의했다"며 전 국민을 상대로 '새빨간 거짓말'을 했다. 심지어 당시 외교부 관리는 "일부 시민단체들이 '한국이 부담하면서도 정부가 거짓말을 하고 있다'고 주장하는데, 이는 국제적 외교 관례에 무지하고 반미 감정에 사로잡힌 사람들의 억지"라고 비난했다.[127] 그러나 결국 시민단체의 주장이 맞았다. 2007년 6월 25일 당시 김장수 국방장관(현 박근혜 정권의 핵심 실세다)은 오염 미군기지 정화는 '한미 동맹'을 위해 한국이 떠맡기로 했다고 국회에서 밝혔다.[128] 이게 참여정부였다.

친노들의 무능력, 무지는 역대 최악의 불평등한 한미 관계를 낳았다. 참다못한 141개 시민단체(참여연대, 평화네트워크, 녹색연합, 환경운동연합, 민주

---

126) 2006/07/15 [뷰스앤뉴스] 주한미군기지 환경오염 정화비 12조, 한국이 전담키로

127) 2006/09/05 [오마이뉴스] 진실은 크게, 거짓말은 얼렁뚱땅 외교부의 음습한 진실 공개

128) 2007/06/25 [경향신문] 김 국방 "한미동맹 위해 미군기지 오염치유 떠안아"
　　2007/06/26 [노컷뉴스] 오염 치유 '한미 합의'는 없었다....정부 '거짓 발표' 드러나

언론운동시민연합, 한국여성단체, 연합 등)들은 2006년 3월 9일 "참여정부의 한미 불평등이 이렇게까지 될 줄 몰랐다"며 한미동맹 재편 철회 요구에 나섰다. 이들 단체는 반미 단체도 아닌 일반 시민단체였다.[129] 이들은 한미동맹 자체를 반대하는 게 아니라, 한미동맹을 빙자하여 밀실에서 국민을 기만하며 천문학적 국민 혈세를 퍼주는 것에 대해 문제제기를 한 것이다. 정당한 문제제기였다. 이들은 "지난 참여정부 3년간의 한미동맹의 변화가 과거 50년의 변화를 능가한다. 오늘날의 한미동맹은 미 패권주의의 도구로 전락하고 있고, 비용도 한국이 거의 전적으로 부담하고 있다"고 비판했다. 이게 참여정부였다.

군사정권을 무색하게 했던 참여정부의 꼼수

참여정부는 용산기지 이전에 소요되는 비용이 약 30~50억 달러로 추정된다고 주장했는데(그러나 앞서 언급했듯 미국은 용산기지 이전 비용만 100억 달러로 추산하고 있다), 이 천문학적 국민 세금이 들어가는 기지이전 전 과정을 규정한 문서는 딱 두 개 밖에 없다. 바로 UA(약칭 '포괄협정'/Umbrella Agreement) 6p, IA(약칭 '이행합의서'/Implementation Agreement) 4p 등, 꼴랑 10p에 불과하다. 서울에서 아파트 전세 계약을 맺어도 계약서가 10p는 넘는다. 국민 혈세 수십 억 달러가 투입되는 사업의 세목을 정한 문서가 고작

---

129) 2006/03/09 [오마이뉴스] "참여정부 한미 불평등, 이렇게까지 될 줄이야"
    141개 시민단체, 한미동맹 재편 철회 요구 나서

10p에 불과하다는 게 말이 되는가?[130] 세상에 이런 기가 막힌 일이 어딨나? 다 참여정부가 저지른 일이다.[131] 문제는 이게 끝이 아니라는 거다. 이게 끝이면 얘길 꺼내지도 않았다.

30억~50억 달러의 국민 세금이 투입되는 내용을 적은 저 10p 문서 중 UA(포괄협정)에 대해서만 국회의 동의를 얻고, IA(이행합의서)는 '부속문서'에 불과하다는 이유로 국회의 동의도 거치지 않은 것이다. 결국 수십억 달러의 세금이 들어가는 사업을 규정한 세목 문서는 6p짜리 UA(포괄협정) 밖에 없는 셈이다.

더욱 말문이 막히는 건, 국회의 동의를 얻은 이 UA(포괄협정)에는 매우 추상적이고 애매모호한 언어의 성찬만을 규정하고 있어, 실제 아무 쓸모가 없다는 것이다. 대신 국회의 동의도 거치지 않은 4p 짜리 부속문서인 IA(이행합의서)에 비용과 권한 등 '실질적인 내용'을 모두 담아 사실상 국회의 동의와 감시도 없이 국민 세금 수십억 달러의 처분 권한을 미국에게 넘긴 것이다. 이같은 '국민 기만행위'를 저지른 건 MB가 아니라 '사람사는 세상'을 외치던 참여정부였다.[132]

이 IA(이행합의서)에 따르면 용산기지 이전에 관한 세부 절차, 기획, 관리,

---

130) 2004/08/10 [오마이뉴스] 최고 50억달러 사업 협정서가 겨우 10쪽?
　　　 [용산기지 이전비용 논란] 지나치게 모호... 한국 '백지수표' 준 셈
131) 2004/10/19 [프레시안] 盧, '불평등조약' 논란에도 용산기지이전 UA, IA 통과
132) 2004/10/15 [오마이뉴스] 용산 기지 이전 이행합의서

각종 조건, 감독 등의 권고 권한을 SOFA(주한미군지위협정) 합동위원회 산하 '특별분과 위원회'에 부여하고 있다. 그리고 이 특별분과 위원장에는 한국군 대령과 미군 대령을 각각 대표로 앉혔다. 결국 이 '특별분과 위원회'의 일개 한국군 대령과 미군 대령이 용산기지 이전에 관한 세부 사항들을 기안해서 'SOFA 한미 합동위원회'에 올리고 → SOFA 한미 합동위원회의 '대표'인 한국 외교부 북미국장과 주한미군 부사령관이 추인하면 '그걸로 모든 게 끝'이다.

이 'SOFA 한미 합동위원회'에서 한국 외교부 북미국장과 주한미군 부사령관이 결정하면 그 결정이 어떤 결정이든지 간에, 심지어 그것이 헌법 60조에 해당하는 내용이라도 국회에 보고할 의무도 없고, 국회의 동의를 받을 필요도 없고, 동의는커녕 심지어 공개 의무도 없다. 이게 지난 수십 년간 한미 관계의 불평등성과 내정 간섭을 상징하는 기구로 문제제기 된 'SOFA 합동위원회'의 본질이다.[133]

SOFA(주한미군지위협정)는 우리가 헐벗고 굶주렸던 시절에, 우리가 못나서, 그리고 미국이 우리를 공산화의 위기로부터 구해주었다는 감사함 때문에 불평등조약을 맺었다지만, 참여정부는 SOFA의 한미 합동위원회도 부족했는지 한미 FTA 내에 수많은 '한미 공동위원회'를 창설했다. ▲상품무역위원

---

133) 2004/09/22 [오마이뉴스] 친미 용산협상팀에 '국익'은 없었다
2004/10/15 [오마이뉴스] 미군에게 끊어준 '백지수표' 공개되다. 용산기지 이행합의서(IA) 입수 … 위헌논란 거세질 듯
2004/11/26 [오마이뉴스] 국회 위에 올라앉은 소파합동위? [분석] 통외통위 수석전문위원실서 문제점 조목조목 지적

회(2.14조) ▲농산물 무역위원회(3.4조) ▲섬유 및 의류무역 사안에 관한 위원회(4.4조) ▲의약품 및 의료기기 위원회(5.7조) ▲위생 및 식물위생 사안에 관한 위원회(8.3조) ▲무역에 대한 기술장벽 위원회(9.8조) ▲무역구제위원회(10.8조) ▲금융서비스 위원회(13.16조) ▲노무협의회(19.5조) ▲환경협의회(20.6조) ▲공동위원회(22.2조) ▲한반도 역외가공지역 위원회(부속서 22-나) ▲수산위원회(부속서22-다) 등 내가 한미 FTA협정문에서 찾아낸 '한미 공동위원회'만 10개가 넘는다.

원나라는 고려에 다루가치라는 행정관을 파견하여 고려왕을 감시하고 내정에 개입했다. 일제는 차관정치와 고문정치로 한국의 내정에 개입했다. 참여정부가 만든 각종 한미 위원회는 SOFA 한미 합동위원회처럼 내정 간섭과 주권 유린의 '합법적 통로'가 될 것이다. 그래도 우리 국회는 이에 대해 통제할 수 없다. 헌법 위에 '한미 SOFA 합동위원회'가 있고, 헌법 위에 '한미 FTA 공동위원회'가 있다는 말이 이래서 생긴 것이다.

국민 세금 단돈 1원이라도 집행하려면 국회에서 국민이 그렇게 싫어하는 싸움질을 해가면서 여야 합의에 의한 법률이 있어야 예산 집행이 가능하고, 그것이 제대로 쓰여 졌는지 반드시 그 다음 해 국회에서 결산을 한다. 그렇게 국민의 대표자인 국회가 국민 세금을 제대로 쓰고 있는지 따지고, 문책하고, 견제한다. 그런데 SOFA 한미 합동위원회나 한미 FTA의 한미 공동위원회에서 결정된 사항은 건드릴 수 없다. 이게 대체 뭐란 말인가? 참여정부는 본인들이 무슨 짓을 하는지도 모르면서 일을 저질렀다.

전두환 정권의 '화려한 휴가'와 참여정부의 '여명의 황새울'

한 가지만 더 언급하겠다. 참여정부는 용산 기지를 평택으로 이전하면서 이에 반대하는 국민들을 군경 14,000명을 투입하여 진압했다. 2006년 5월 4일 벌어진 이 진압 작전은 1980년 광주를 방불케 했다. 인터넷에 동영상도 돌아다니는데, 차마 잔인하고 두려워서 볼 수 없을 지경이다. 이 진압작전의 이름은 "여명의 황새울"이었다.[134] 광주 항쟁 이후 시위 진압에 현역 군인을 투입한 것은, 아마 참여정부가 처음이 아닐까 싶다.[135] 친노 세력이 판판이 깨지는 데에는 다 그럴만한 이유가 있는 법이다. 다시 말하지만, 국민이 무식해서가 아니라, 다 그럴만한 이유가 있는 법이다.

참으로 희한한(?) 민주정부였다. 국익의 이름으로 대추리를 짓밟은 공권력을 묵인했던 한명숙 전 총리는 '그날'에 대해 아직까지 아무 말이 없고, "끈기 있게 대화하고 타협한 끝에 대추리 문제를 잘 마무리했다"는 엉뚱한 말로 한명숙 전 총리를 치하했던 당시 대통령은 세상을 뜨고 없다.[136] 이때 친노 486들은 여의도 고급 식당에서 기름진 음식과 술로 세월을 보내고 있었다(물론 지금도 다를 거 없다). 그리고 약 한 달 후(2006년 5월 31일) 제4회 전국 지방선거에서 집권 여당인 열린우리당은 4.19 직후의 몰락한 자유당보다 더 심

---

134) 2006/05/05 [경향신문 사설] '화려한 휴가'와 '여명의 황새울'
　　 2006/06/07 [프레시안] 제2의 '여명의 황새울'을 막아야 한다
　　 2010/10/06 [한겨레] '황새울 작전'에 마을 초토화…청와대 앞에 앉다
135) 2006/05/12 [노컷뉴스] 與 인권위원장, "광주사태는 질서유지 차원의 군투입" 주장
136) 2012/03/16 [한겨레] 2006년 황새울이, 2012년 구럼비가…

한 참패를 당하고 만다(후술).

주한미군 전략적 유연성(Strategic flexibility) 수용의 심각성

기존 주한미군의 임무는 '한반도 방어'였다(한미 상호방위조약 3조). 그러나 미국은 소련이 붕괴되고 냉전이 종식되자 주한미군의 임무를 전환해야 할 필요성을 느꼈다. 주한미군을 한반도 방어 임무로 국한 시키는 것은 미국에게는 '낭비'였다. 즉 주한미군의 임무를 한반도 방위라는 협소한 목표를 넘어 중국 견제, 불량 국가 소탕, 테러 세력과의 전쟁 등 각종 글로벌 전략 수행을 위한 '지역 동맹(regional alliance)'으로 전환해야 할 필요성을 느꼈다. 이를 위해 필요한 것이 바로 주한미군의 전략적 유연성(Strategic flexibility)이다. 쉽게 말해, 주한미군은 세계의 어떤 지역에서 분쟁이 발생하든 그 지역으로 신속하게 투입될 수 있는 군대, 출입이 자유로운 군대, 날아다니는 군대, 리베로 군대, 일지매 군대로 전환한다는 것이다. 이는 한미동맹의 근본 성격이 바뀌는 것을 의미하며 대한민국 외교안보에 중차대한 위기를 의미한다. 왜 그런가?

첫째, 미국이 주한미군을 빼내 한반도 이외 지역 분쟁에 투입하면 당장 '대북 억제력 공백'이 문제된다. 이를 빌미로 서울-워싱턴-동경의 냉전세력들은 MD 등 군비 강화를 촉구할 것이고, 그 결과 한반도는 물론 일본, 대만의 군비 경쟁을 촉발 할 것이다. 이렇게 되면 한국의 '의교주醫教仕 복지국가'의 꿈은 물 건너간다. 미국은 자국의 군수산업 매출 증가에 기여하는 것이니 나쁠 것이 없다.

둘째, 평택에서 미군이 빠져나가 中日을 비롯한 지역 분쟁에 개입한다면, 국제법상 평택은 중국 미사일의 타격 대상이 된다. 이게 가장 심각한 문제다. 이 경우 우리는 주한미군의 국제 분쟁을 뒷받침하는 병참기지, 중간기지, 對 중국 견제의 최전선 전초기지로 전락한다. 이렇게 되면 우리는 원치 않는 강대국 간 분쟁에 연루(entrapment)될 가능성이 커진다. 제2의 청일 전쟁이 우려되는 것이다.

셋째, 이때 미군이 "한국군도 우리와 같이 中日 댜오위다오 전쟁에 개입합시다. 우리는 동맹 아닙니까?"하면 어쩔텐가? 이렇게 되면 태평양 전쟁(미일 전쟁) 당시 한국 젊은이들을 강제 동원한 일제와 뭐가 다른가? 실제 주한미군사령관은 한국군의 동반 차출 가능성을 시사하는 발언을 이미 여러 차례 한 바 있다.[137]

넷째, 우리는 지금 연간 약 1조원의 방위비 분담금을 미국에게 지급한다. 이 비용은 북한을 방어해주는 대가의 성격이 짙다. 그런데 이제는 냉전종식에 따른 미국의 전략적 환경 변화에 의해 평택과 오산이 미국의 세계 전략을 위한 전초 기지로 변화했다. 주한미군은 더 이상 북한을 방어하기 위한 군대가 아니라, 미국의 동아시아 지역(regional) 이익을 방어하기 위한 군대로 그

---

137) 2009/12/15 [경향신문] 샤프 사령관 "주한미군 전 세계로 배치 필요"
　　월터 샤프 당시 주한미군 사령관은 2009년 12월 14일 미 싱크탱크 전략국제문제연구소(CSIS)가 개최한 군사전략포럼에 참석해 "미래의 어느 시점에 양 국가의 협의하에 우리만 또는 **함께** 세계 다른 장소에 배치될 수 있을 것"이라고 말해 주한미군 단독 파견 또는 **한국군과 함께** 다른 나라에서 임무를 수행하게 될 것임을 시사한 바 있다.

성격이 변한 것이다. 그렇다면 우리가 미국에게 분담금을 줄 게 아니라, 미국으로부터 기지 사용료를 받아야 할 판이다. 게다가 우리는 미국 때문에 원치 않는 안보 위기, 즉 중국과 안보 위기에 연루(entrapment)될 가능성까지 부담해야 한다. 이를 감안하면 그 잠재적 위험과 손해는 이루 말할 수가 없다. 2015년 10월 한미 정상회담에서도 오바마 미 대통령은 남중국해 분쟁에 대해 한국도 목소리를 내라고 공개 요구한 바 있다.[138] 한국과 아무런 관련도 없는 남중국해 분쟁에, 미국과 중국 중 택일을 강요한 셈이다.[139]

다섯째, (앞서 언급했듯) 냉전종식에 따른 미국의 전략적 환경 변화에 맞게 평택에 새로운 '첨단 미군기지'를 우리 국민의 세금으로 건설해야 하는데 (YRP/LPP) 그 비용이 천문학적이다.

이처럼 한국의 외교안보에 중대한 위협이며 천문학적 국민 혈세가 투입되는 주한미군의 전략적 유연성(Strategic flexibility)을 참여정부는 국회 동의도 없이 덜컥 수용하고 말았다. 2006년 1월 19일, 워싱턴에서 반기문-콘돌리자 라이스 사이에 한미 전략적 유연성에 대한 합의문 '한 장'을 덜렁 발표하고 만 것이다. 기가 막힐 일이고 통탄할 일이었다. 친노 486들 아무도 관심

---

138) 2015/10/16 [Washington Post] Obama: If NKorea serious on denuclearization, we'll talk
139) 2015/10/19 [조선일보] 美-中 갈등 때의 '선택'… 숙제를 안고 오다
    2015/10/19 [경향신문] '중국 아닌 미국편 들어라'…부담 떠안고 돌아온 박 대통령
    2015/10/19 [연합뉴스] 남중국해 놓고 美中 갈등 악화일로…한국도 선택 기로에
    2015/10/20 [동아일보] 美 "남중국해 인공섬에 군함 파견"…시진핑 "영해 군함진입 용납 못해"
    美 '항해의 자유' 내세워 진입 방침… 日기지에 최신 이지스함 추가 배치

없었다. 오직 최재천만 미련하게 저항하다 친노들에게 찍혔을 뿐이다.[140)

　무엇보다도 이 주한미군 전략적 유연성은 한미 상호방위조약에 위배된다. 왜냐하면 한미 방위조약 3조에 따르면 주한미군의 활동 범위를 '한반도'로 한정하고 있기 때문이다.[141) 따라서 주한미군이 한국을 빠져나가 해외 분쟁에 개입하려면 한미상호 방위조약 3조를 개정하여, "주한미군은 한반도 이외의 그 어느 지역에서도 활동할 수 있다"고 개정한 후, 헌법 60조에 따라 대한민국 국회의 동의를 얻어야 한다. 이게 정상적인 민주국가에서의 절차다.

　그러나 참여정부는 우리의 주옥같은 주장을 외면하였다. 그들은 주한미군 전략적 유연성 수용이 한미 상호방위조약 위반이 아니며, 따라서 국회 동의도 필요 없다고 주장했고,[142) 이러한 참여정부의 입장이 관철됐다. 그 결과 참여정부는 친절하게 주한미군이 언제든 한반도를 빠져나가 중일 분쟁, 남중국해 분쟁, 중동 전쟁 등 그 어느 지역이든 활동할 수 있는 근거를 마련해주었다. 더 심각한 건, 이 전략적 유연성은 병력 이동의 유연성 외에도 '기지사용(시설과 구역)의 유연성', '핵무기, MD 등 장비의 유연성'까지도 내포하고 있다는 점이다. 한마디로 주한미군이 한국에 어떤 무기를 들여오고 나가도

140) 2006/02/01 [프레시안] 與의원 "'전략적 유연성' 양보 책임은 盧대통령"
　　2006/02/02 [연합뉴스] 최재천 "한미 2003년 전략적유연성 외교각서 교환"
141) 한미 상호방위조약 3조 : 각 당사국은 **타당사국의 행정지배하에 있는 영토와** 각 당사국이 **타당사국의 행정지배하에 들어갔다고 인정하는 금후의 영토에 있어서,** 타당사국에 대한 태평양지역에 있어서의 무력공격을 자국의 평화와 안전을 위태롭게 하는 것이라고 인정하고 공통된 위협에 대처하기 위하여 각자의 헌법상의 절차에 따라 행동할 것을 선언한다.
142) 2004/10 [신동아] '태풍의 눈' NSC 고위관계자의 작심 토로

한국 정부에게 통보할 의무가 없게 됐다는 뜻이다.[143] 이런 게 무슨 주권국가란 말인가?

전략적 유연성 수용을 둘러싼 당시 청와대의 무지, 무능, 기망, 책임 전가는 역사 앞에 기록하기 차마 부끄럽기 짝이 없을 정도다. 지면상 이 얘기를 생략하겠으니 내 블로그 "국제정치, 남북 관계" 카테고리의 글을 참고하시고, 여기에는 몇 가지 언론기사만 인용해둔다.[144]

외교안보는 '방역'과도 같다. 1명이 뚫리면 그 피해가 속수무책이듯 100년 잘하고도 한번 삐끗하면 국가의 운명이 백척간두에 달리는 게 외교안보 영역이다. 국내 정치의 실수는 만회할 수 있지만 외교의 실패는 돌이킬 수 없다. 그리고 그렇게 되는 데에는 반드시 전사前史가 있기 마련이다. 만약 30년 후에 저 GPR, YRP(LPP), 주한미군 전략적 유연성 때문에 한국이 강대국 간(미중 또는 중일) 전쟁에 연루된다면, 그것은 여기에 최종 합의한 참여정부의 책임이다.

이상 요컨대, ▲GPR(해외주둔미군 재배치)이라는 미국의 세계 전략에 따

---

143) 2010/06/12 [프레시안] 주한미군 전략적 유연성에 국가주권 관리장치 무너졌다
　　2006/02/03 [프레시안] '전략적 유연성' 외교각서....대통령은 몰랐다
　　2006/02/23 [한국일보] "전략적 유연성에 MD(미사일 방어체계) 核배치 포함"
144) 2005/05/17 [한겨레] '이종석의 안보' 흔들린다
　　2006/12/28 [오마이뉴스–최재천 기고] 노 대통령과 반기문 총장, 누가 거짓말 하나. 동북아분쟁 주한미군 투입여부 진실 가려야
　　2006/02/03 [프레시안] '전략적 유연성' 외교각서···대통령은 몰랐다
　　2006/02/05 [조선일보] [청와대 국정상황실] "이종석 차장이 대통령 기망"
　　2007/01/01 [신동아] 대통령 '노사모 발언'으로 확인된 '전략적 유연성 합의' 난맥상

라 한국의 용산 미군기지 및 동두천, 의정부 등 전방 미군 기지를 모두 모아서 평택으로 이전하고(YRP/LPP) ▲주한미군의 기능(function)이 북한을 방어하기 위한 '붙박이 군대'에서 동아시아 심지어 중동까지 그 어디든 파견할 수 있는 '지역 방위군(regional force)'으로 변화하고(주한미군 전략적 유연성/Strategic flexibility) ▲그 변화된 주한미군의 기능에 걸맞는 주한미군 기지, 시설, 땅은 한국 국민의 세금으로 한국 정부가 제공해야한다는 것이 바로 미국의 주장한 '한미동맹 재조정'이었고, 참여정부는 국민을 속이는 무력한 협상으로 일관하며 군사정권 이상으로 미국의 요구를 수용했다. 앞서 언급했듯, 참여정부가 이 '한미동맹 재조정'에 기여한 공로는 전두환, 노태우 정권 이상이라는 게 미국의 평가다. 이게 참여정부다. 친노 국회의원들은 지금도 본인들이 당시 무슨 짓을 했는지도 모르는 국회의원이 대부분일 것이다.

외교안보는 일반 장삼이사들에게는 너무 생소한 분야다. 대부분 국가 기밀이라는 이름으로 이루어지고 있으며, 용어도 어렵고, 언론도 그 의미가 무엇인지 잘 모르는 경우가 허다하다. 자칭(?) 민족지인 조선일보와 동아일보는 이를 철저하게 외면하거나 '한미동맹'의 이름으로 포장하고 있고, 겨우 의식 있는 몇몇 극소수의 기자들이 그 심각한 의미를 간파하고 보도하지만 그마저도 다른 '국내 정치 이슈(정쟁)'에 묻히고 만다. 고작(?) 몇 백억~몇 천억 원 들어가는 정책에 대해서는 정권을 걸고 싸우면서, 협상장에서 수 조원~수십조 원이 왔다 갔다 하고, 주변 국가와 척을 지게 될 지도 모르고, 전쟁의 화마에 민족을 구렁텅이로 빠뜨릴지도 모르는 외교 안보 정책에 대해서는 전 국민이 관심조차 없다. 무능 야당 탓이다. 통탄할 일이다.

7. 월스트리트 경제민주화론 신봉

알맹이 없는 친노 참여연대

이 부분도 워낙 방대한 설명이 필요한 분야라서 자세한 내용은 내 블로그 경제 카테고리의 「경제민주화인가 복지국가론인가? - 민주개혁 세력은 참여 연대派의 '월스트리트 경제민주화론'을 폐기하고, 장하준, 정승일派의 '유럽 식 복지국가론'으로 선회해야 한다」를 참고 하시라.

내가 정의당을 지지하지 않는 이유는 '재벌해체'에 반대하기 때문이다. 마 치 재벌해체가 엄청나게 진보적이고 개혁적인 것처럼 '진보 장사'하는 자칭 개혁세력을 보면 딱하기 짝이 없다. 좋다. 그나마 정의당은 재벌해체(이들은 재벌해체라는 용어 대신 재벌 지배구조 개혁이라는 용어를 사용한다)라도 주 장하지만, 참여정부는 신자유주의 외에는 아무런 정견定見조차 없었다. 그래서 참여정부의 경제 이데올로그였던 참여연대의 주장을 검토하지 않을 수 없다.

참여연대는 '순환출자해소, 출총제 재도입, 금산분리 강화, 지주회사 요건 강화' 등 재벌개혁=재벌 지배구조 개선=재벌해체 주장을 제외하고는 그 어 떤 현실적인 정책 대안을 내놓지 못했다. 그들은 그저 공정경제, 경영효율 개 선, 인권존중 및 법치주의 확립, 직업적 자긍심 회복, 투명성과 책임성 제고, 원칙 및 기본에 충실, 질 높은 고용창출, 사법개혁 등 '실증할 수 없고 알맹이 없는 추상적 구호'만을 늘어놓았다.

이들 참여연대파는 철저한 영미 체제 신봉자들이었다. 극소수를 제외한 대부분의 인사들이 서울대 법대, 경제학과를 졸업한 미국 유학파로 미국 신자유주의의 세례를 받고 돌아온 집단이 바로 참여연대파이다. 참여연대 출신 김기원 교수는 "우리나라는 '빅 스웨덴'이 아니라, '리틀 아메리카'로 가야 한다"고 주장하기도 했다.[145] 참여정부 노동부 장관출신으로 박근혜 정부에서 노동개혁에 매진(?)하고 있는 김대환 노사정 위원장 역시 참여연대 출신이다. 참여정부, MB 정부, 박근혜 정부의 노동정책이 일관되게 똑같은 것도 우연이 아니다.

이들 참여연대파의 주장을 정리하면 다음과 같다. "불공정하고 깡패 같은 국가개입이 사라지고(박정희의 관치경제 해체), 재벌그룹을 해체하여 수천 개의 중소기업으로 재편한 후(순환출자 해소 및 출총제 도입, 금산분리, 지주회사 요건 강화를 활용),[146] 공정하고 자유로운 기업 활동(공정경쟁) 및 유연한 노동시장(정리해고 적극 인정)만 보장되면, 사라지는 산업과 직종을 대체할 새로운 산업 및 직종이 끊임없이 탄생하므로 지속적 성장이 가능하다"는 것이다. 이게 바로 친노와 참여연대파들이 주장하는 '경제민주화'이고, 지금도 이런 경제민주화가 새민련의 기본 방향이다.

문제는, 독자들도 이미 눈치 챘겠지만, 이러한 '경제민주화론'이 바로 전형적인 영미식 '신고전파 주류경제학의 자유주의' 논리라는 점이다. 이런 주장

145) 장하준, 정승일, 이종태 共著, 무엇을 선택할 것인가(부키, 서울, 2012), p 388.
146) 2011/12/11 [한겨레] [이동걸 칼럼] 만약 삼성그룹이 없어진다면

을 하는 사람들이 대한민국에선 '좌파'로 불리고 있으니, 기가 막힐 일이다. '경제민주화'라고 하니까 무지하게 진보적인 것으로 보이지만 그 실질은 미국 월스트리트 금융자본주의 맹종에 지나지 않는다.

참여정부가 비정규직 비율이 가장 높았고, 외국 듣보잡 투기자본의 국부 편취에 가장 관대했고, 한미 FTA에 적극 찬동하고, 미국식 자본통합법을 도입한 것도 다 이러한 철학적 배경 때문이다. 심지어 개혁파로 알려진 참여연대 출신 저명한 경제학자는 헤지펀드를 만들어 미국식 M&A활동에 참여하고, 참여정부 고위 경제 관료 출신들은 사모펀드나 기웃거리고 있으니[147] 더 이상 말해 무엇 하겠는가?

공정경제?

미국 신고전파 주류경제학의 신자유주의와 친노 경제민주화론자들이 가장 빈번하게 주장하는 용어가 바로 '공정'이다.

이들은 툭하면 '공정' 운운 하는데, 대체 무엇이, 어디까지가, 어떻게 하는 것이 공정인가? 대체 '공정'을 누가, 어떻게, 무슨 기준으로 측정할 것인가? 공병호, 하이에크, 프리드만은 '자유시장'이 가장 공정하고 정의롭다고 주장한다. 진짜 좌파는 '재벌 몰수'만이 가장 공정하고 정의롭다고 주장한다. 대체 어디가 공정인가?

---

147) 2015/10/23 [한국경제] '정통 관료의 꿈' 내려놓고…촉망 받던 서기관들 '민간행'

이처럼 '공정'이라는 레토릭은 문제에 대해 대안을 제시하는 게 아니라, 추상적 레토릭으로 말 장난 하는 것에 불과하다. 그래서 친노의 '공정'이라는 레토릭을 MB와 박근혜까지 사용하는 것이다. MB의 '공정사회론', 박근혜의 대선공약인 '공정한 경쟁', 문재인의 '공정경제 3원칙' 모두 비슷한 맥락이다. 참여연대파가 주장하는 ▲중간 지주회사 도입 ▲금산분리 강화에 대해 박근혜 정부의 공정위원장이었던 노대래, 새누리당 이혜훈이 강력하게 찬성하는 것도 이들이 모두 월스트리트産 주장이기 때문이다.[148]

우리는 참여연대파 경제민주화론자들이 주장하는 '재벌개혁=재벌 지배구조 개선=재벌해체'가 아닌 '유럽식 보편적 복지국가' 추구야 말로 친노 참여연대派들이 그렇게 목놓아 외치는 '불공정' 문제를 해결할 가장 실질적 해법이라고 주장한다.

재벌은 '해체' 대상이 아니라 '통제, 활용' 대상

세상 모든 일에는 빛과 그림자가 병존하는 법이다. 재벌에게도 두 가지 측면이 병존한다. 하나는 '성장의 동력'으로서의 재벌이고, 다른 하나는 '탐욕의 상징'으로서의 재벌이다. 정부가 해야 할 역할은 전자는 적극 조성하고, 후자는 적극 통제하는 길이다. 그렇지 않고 어느 한 면만 강조하여 교각살우의 우

---

148) 2013/10/14 [조선일보] 노대래(공정거래위원장) "제2의 東洋 막으려면 金産분리(산업 자본의 은행업 진출 제한하는 것) 강화해야"
2013/07/02 [머니투데이] 이혜훈 "동양그룹 사태, 금산분리 강화 관심 가져야"

를 범해서는 곤란하다.

따라서 재벌에 대한 민주공화적 통제를 강화함과 동시에 사회적 대타협을 강력하게 추진하는 것이 필요하다. 사회적 대타협의 골자는 이렇다. 국제 투기자본으로부터 재벌의 경영권을 안정시켜 주는 대신,[149] 재벌로부터 ▲첨단 제조업의 신규투자 ▲비자발적 비정규직 폐기 등 노동권의 획기적 보장 ▲생산기지 해외 이전 제한[150] ▲부자증세라는 양보를 얻어내자는 것이다(이른바 "경영권－노동복지 교환" 모델).

기업이 본연의 역할인 투자 활동을 통한 고용확대를 꾀하기보다, 국내외 헤지펀드로부터 경영권을 방어하기 위해 지배구조 개편에 천문학적 자금을 쏟는 것은 국가 경제 전체 측면에서는 매우 우매한 일이다.

친노들은 헤지펀드로부터 "경영권을 안정시켜 준다고 거대 재벌이 과연 정부 말을 듣겠느냐?", "재벌이 뭐가 아쉬워서 정권과 타협을 하겠느냐?"고 항변 하지만, 이러한 태도는 매우 수세적이고 패배적인 태도이다. 그래서 어쩌자는 건가? 죽창들고 혁명하자는 건가? 이런 자조적이고 냉소적인 태도로는 100년이 지나도 달라질 게 없다. 또한, 재벌에 대한 통제 및 활용도 재벌의 저항 때문에 불가능할 것이라고 주장하는 사람들이, 재벌을 어떻게 '개혁=해

---

149) 2014/07/21 [조선일보] [기업 돈 풀어야 경제가 산다] 지갑 안 여는 대기업 "경영권 승계 때문에…"

150) 언론보도에 따르면, 현재 삼성전자 스마트폰은 거의 대부분, 현대차의 자동차는 60~70% 정도가 해외에서 생산되고 있다고 한다(2014/01/01 [한국일보] [2014 신년기획] 고령화 투자부진 소비위축… 잠재성장률 'OECD 꼴찌' 경고음).

체'한다는 것인지 참으로 의문이 아닐 수 없다.

재벌이 '재벌 지배구조 개혁=재벌해체'를 주장하는 참여연대파와 정의당을 두려워할 것 같은가? 아니면, '경영권-노동복지 타협 모델'을 주장하는 우리를 더 두려워할 것 같은가? 재벌은 절대 '재벌 해체론자'들을 두려워하지 않는다. 왜? 재벌해체는 공상이기 때문이다.

재벌은 해체할 게 아니라 통제·활용하면 된다. 독재 정권조차도 재벌을 찍어눌렀는데, 국민의 직선에 의해 선출된 민주적 정당성을 보유한 정부가 재벌을 통제할 자신이 없다면, 대체 뭐하러 목숨 걸고 정권 잡나? 그냥 자유시장에 맡기면 되지. 재벌을 통제하고 타협을 이끌어 낼 자신 없나? 자신 없으면 내려와라. 우리가 하겠다. 재벌의 탐욕을 통제할 정책적, 법적 수단은 무궁무진하다. 친노의 문제의식이 부족했을 뿐이다.

대기업은 대기업의 역할이 있고, 중소기업은 중소기업의 역할이 있다. 문제는 대기업이 면장갑이나 팔고, 빵 가게나 하고, 순대나 팔려고 하고, 슈퍼마켓이나 하려고 한다는 점이다. 그렇다면 그것을 못하게 하고, 중소기업이 진입할 수 없는, 천문학적 자금이 소요되는 첨단 제조업 영역에 투자하도록 적극 유도하는 게 정부가 할 일이지, 재벌을 분리 해체하여 수천개 중소기업으로 재편한 후 자유경쟁 시키면 세계적인 기업이 나온다? 택도 없다. 공상이다 공상. 그런 논리라면 왜 수천개 슈퍼마켓이 자유경쟁 하는데 마트 하나 못 이기나?[151] 친노들은 자식들이 쌍용차와 현대차에 동시 합격하면 "현대차는 노동력 착취하는 황제 재벌이고, 쌍용차는 M&A에 의해 경영권이 자주 바뀌는 민주적인 회사니까 쌍용차로 입사하라"고 할 건가? 친노들은 자식들이 삼성과 중소기업에 동시 합격하면, "중소기업이 자유경쟁하면 삼성 이기고 세계적인 기업으로 발돋움할 테니까 중소기업으로 입사하라"고 조언할 텐가?

재벌은 경제력 집중의 폐해도 있지만 반면 한 나라의 경쟁력과 국력을 가늠하는 지표이기도 하다. 재벌기업이 중소기업과 영세상인의 영역에 무분별하게 침투하는 것은 강력 통제하여 철퇴를 가해야 한다. 그러나 한편, 재벌기업의 엄청난 자본력과 기술력을 활용하는 지혜가 필요하다. '기왕 집중화된 자본'도 국가 자산이다. 수십 년 국민의 피땀이 모인 것이다. 다른 나라는 그런 자본력이 없어서 성장을 못하고 있고 다른 나라는 그걸 갖고 싶어서 안달하는데, 그걸 왜 해체하나?[152] 이를 강력한 선별적 산업정책을 통해 대규모 자본이 소요되는 첨단 제조업에 투자하도록 적극 유도해야 한다. 그게 중소기업과 대기업의 상생을 꾀하는 길이다. 기왕 집중된 자본을 어떻게 사회적, 민주적으로 통제하여 성장동력으로 활용할 것인가를 궁구해야지, 재벌 가문이 밉다고, 재벌 그룹 자체를 해체하는 게 그게 무슨 개혁이고 경제민주화인

---

151) 2013/10/06 [경향신문] 대형마트 매출, 전통시장의 4.7배… 양극화 갈수록 심화
152) 재벌에 집중된 경제력의 폐해를 해결하는 방향은 두 가지일 것이다. ⅰ) 하나는, 순환출자 해소, 금산분리 강화, 출총제 再도입을 통해 경제력 집중을 해체하는 방법, ⅱ) 다른 하나는, 중소기업이 투자하지 못하는 거대 첨단 제조업에 투자를 유도하는 방법이 그것이다. 우리는 사회적 대타협을 통해 후자의 방법을 택할 것이다.

가? 난 단연코 반대한다.

'경제 민주화론자'들이 좋아하는 월스트리트産 제도들

참여정부는 완벽한 '리틀 아메리카'가 되고자 했다. 그 이후 MB, 박근혜 정부도 참여정부와 마찬가지로 철저한 월스트리트 경제 민주화론을 신봉하여 한국 경제를 '저성장, 저고용, 저투자 체제'로 고착화시켰다. 참여정부의 경제 이데올로그들은 아직까지도 미국 월스트리트 투기자본이 후진국 국부를 편취하기 위해 설계한 각종 제도를 '경제민주화'라는 이름으로 한국에 이식하는 데 혈안이 돼 있다. 참으로 통탄할 일이 아닐 수 없다.

이러한 제도들로 소수주주권(참여연대가 90년대 도입한 이른바 '소액주주운동'으로 알려진 제도이다), 순환출자해소, 출총제 도입, 금산분리 강화, 지주회사 요건 강화,[153] 감사위원 분리선출, 집중투표제 의무화, 다중투표제 도입, 전자투표제 의무화, 중앙은행 독립, 사외이사제 등이 그것이다. 이는 모두 미국 월가가 창안한 이론인 주주자본주의에 봉사하는 제도들이다. 미국 금융자본가들이 집에 앉아서 인터넷으로 태평양 건너 한국에 투자하여 이윤을 챙길 수 있도록 도와주는 제도들이다. 참여연대는 이들 월가 이론인 소액주주운동을 한국에 수입, 한국 상법과 자본시장법에 제도화하여 국부 유출에 혁혁한(?) 기여를 하였다.

---

153) 지주회사의 문제점에 대해서는 다음 기사 참고. 2013/08/14 [조선일보] [클릭! 취재 인사이드] 한국에서 '지주회사'는 '저주회사'인가?

일반 국민들은 '소액주주 권리'라고 하니까 마치 서민 대중을 위한 제도로 크게 착각하는데, 저기서 말하는 소액주주는 대한민국 서민이 아니라 미국 '헤지펀드'를 의미한다. 저 소액주주가 갖는 권리는 발행주식의 5/10,000~1/100의 주식을 소유해야 행사할 수 있는데, 요즘 삼성전자 시가총액이 약 200조원 내외이다. 이 중 1%면 2조원이다. 2조원을 가진 소액주주나 서민이 어딨나? 삼성전자에 투자한 미국인 '헤지펀드(이중에는 검은 머리 미국인들도 많다)'를 위한 권리일 뿐이다.

참여연대와 경제정의실천시민연합이 주장하듯 순환출자해소하고, 출총제 도입하고, 금산분리 강화하고, 지주회사 요건 강화하고, 감사위원 분리선출하고, 집중투표제 의무화하고, 다중 대표소송제 도입되고, 전자투표제 의무화 등등이 도입된다고 해서, 비정규직 문제 해결되고, 고용안정되고, 복지 강화되고, 기술혁신 되고, 쭉쭉 경제 성장할 수 있다면 내 손에 장을 지지겠다. 전자투표제가 경제민주화라는 주장은 모바일 투표가 정당민주화라는 주장만큼이나 터무니없는 주장이다.

참여연대의 주장처럼 소액주주 보호를 빙자하여 미국인 헤지펀드를 보호하고, 기업의 지배구조를 개선한다고 해서 무엇이 달라진단 말인가? 그것이 고용안정, 비정규직 문제 해결, 기술혁신, 성장에 어떤 기여를 하는지 참여연대에게 묻고 싶다. 이건 그냥 '주주'의 이익에 봉사할 뿐이다. 그리고 주주의 이익이 곧 기업 전체의 이익도 아니며, 주주의 이익이 곧 근로자의 이익도 아니며, 주주의 이익이 곧 국가경제의 이익도 아니다.

오히려 주주의 이익과 국가 전체의 이익은 역逆의 관계에 있음을 알아야 한다. '주주'는 기업의 미래, 성장, 국가 전체의 고용 안정, 비정규직 문제 등에 전혀 관심이 없다. 그들은 오직 '주가'에만 관심이 있을 뿐이다. 주가가 오르기 위해선 회사에 비정규직이 많아야 하고(그래야 인건비가 줄고 이익률이 상승하기 때문이다), 단가 후려치기를 장려해야 하고, 점포를 줄여서 고객 서비스를 축소해야 한다. 소액주주라서 행복한가?

국부 유출에 기여한 친노 참여연대

2005년 듣보잡 헤지펀드 '칼 아이칸 연합'이 대한민국 굴지의 공기업 KT&G를 먹으려고 덤빈 근거조항이 바로 참여연대파들이 그렇게 개혁적인 제도라며 찬양하는 사외이사제와 집중투표제였다.[154] 당시 '칼 아이칸'은 주주총회결의금지 가처분 신청사건 답변서에서 "우리는 헤지펀드 또는 기업사냥꾼이 아니라 소수주주의 관점에서 회사경영진을 견제, 감시함으로서 회사의 효율적인 경영 및 지배구조개선을 추구하는 이른바 '행동지향적 펀드(Shareholder Activist)'이다"라고 주장하여, 참여연대派와 똑같은 주장을 펼쳤다. 이처럼 참여연대派가 도입한 '소수주주권 강화(주주자본주의)=헤지펀드 강화'로 귀결되었음은 움직일 수 없는 사실이다.

당시 '칼 아이칸'은 KT&G 경영권을 위협하며 유휴 부동산 처분을 요구했다. 그리고 그 매각대금(특별이익) 전액을 주주에게 배당할 것을 요구했다.

---

154) 2013/12/27 [조선Biz] 社外이사는 역시 '거수기'… 부결시킨 안건은 0.07%

문제는 국내 개미 주주들도 당장 눈앞에 공돈이 생기니까, 모두 '칼 아이칸'에 동조했다는 거다. 이게 자기 발등 찍는 것인 줄 모르고, 눈앞의 이익에 어두워서 그런 것이다.

결국 KT&G는 칼 아이칸에 굴복하여 장래 바이오 산업 진출 시 투자재원 마련에 쓰려했던 부동산을 매각하고, 그 매각대금을 전액 주주들에게 배당금으로 지급했다. 만약 저 부동산을 팔아 바이오 산업에 투자하고 신규 고용을 늘렸다면, 그게 국가 경제적으로 훨씬 이익이라는 점은 불문가지이다. 담배 사업이라는 사양 산업을 버리고 바이오 사업 진출을 대비했던 KT&G는, 엉뚱하게 신규 사업 투자 재원을 팔아서 배당금으로 주주들에게 모두 지급한 것이다. 이 얼마나 커다란 국익의 손해인가? 그런데 참여연대파의 유명한 교수 하나는 "칼 아이칸 사태로 KT&G의 기업가치가 커질 것"이라는 소리를 했다.[155] 이게 대한민국 개혁 세력 수준이다. 기가 막힐 일이다.

친노들이 주장했던 화려한 거시지표, MB와 박근혜가 다 갈아치웠다

참여정부 시절 양심적 민주개혁 세력이 양극화가 급격하게 심화되고 있음을 문제제기하면 집권 친노 세력들은 신경질적으로 반응했다. 그리고는 사상 최대의 수출액, 사상 최대의 무역 흑자, 사상 최대의 외환 보유고, 사상 최대의 종합주가지수를 거론하며 태평성대임을 주장했다.

---

155) 2006/02/13 [머니투데이] 지배구조 개선되면 외국자본 '먹튀'도 OK?

친노들은 본인들이 원하는 거시지표만 언급할 뿐, 공동 노력의 열매가 상위 계층에게만 깔때기처럼 빨려 들어가는 금융자본주의=주주자본주의, 비정규직 '양극화 구조'에 대해선 철저하게 외면했다.

그런데 참여정부가 기록한 '사상 최대'라는 위의 모든 거시지표들을 MB와 박근혜 정권이 다 갈아치웠다. 더구나 참여정부 시절은 우리의 최대 고객 미국, 유럽, 중국 경제가 모두 호황일 때였지만, 2008년 금융위기 이후는 미국, 유럽 모두 경제 침체 상황이고 중국도 예전만 못한 상황이다. 이런 악조건(?) 속에서도 MB, 박근혜 정권은 '사상 최대'라고 주장한 거시지표를 모두 갈아치웠고, 심지어 신용 등급은 중국과 일본을 앞질렀다.[156] 따라서 참여정부 핵심 세력들의 잣대 그대로 지금을 평가하면, 지금은 '단군 이래의 태평성대'이어야 한다. 그러나 과연 그럴까? 딱 한 가지 사실만 지적하겠다. 1997년 외환위기 직전 한국의 신용등급은 최상위 수준이었다.[157]

더 이상 월가식 '경제민주화론'으로는 희망이 없다

이제 더 이상 친노가 주장하는 월스트리트(Wall-street)식 경제민주화론으로는 아무 것도 해결할 수 없다. 우리는 '유럽식 복지 자본주의 건설'로 과감하게 방향을 선회해야 한다. 그 핵심은 친노들이 주장하는 '작은 국가'가 아니라

---

156) 2015/09/17 [KBS] 한국, 일본 신용등급 앞섰다…비결은?
157) 2015/09/21 [경향신문] 내우외환 겪는 한국 경제, 비관 말라는 대통령
　　2015/09/15 [한국일보] S&P 한국 신용등급 외환위기 전으로 복귀

'큰 국가'에 있다. 대체 국가개입 없이 어떻게 세상 바꿀 수 있단 말인가? 국가 개입을 터부시한다면 무엇하러 목숨걸고 정권을 잡으려고 한단 말인가?

시장市場독재에 대한 정치적 통제, 재벌활용론(이른바 '경영권－노동복지교환' 모델), 중상주의(국가주도의 산업정책, 강력한 보호무역, 정책금융) 강조, 보편적 복지를 위한 복지국가 5개년 계획, 중앙집권적 산별 노조 및 산별 단체교섭의 법률적 강제화, 연대임금제도 도입, 제조업 중시, 뜬보잡 투기자본(헤지펀드) 통제,[158] 부자증세를 넘어선 단계적 보편 증세, 건강보험하나로 도입 등이 우리가 지향해야 할 노선이다.

8. 참여정부의 부자감세

부자감세하면 떠오르는 정권은 바로 MB 정권이다. 물론 MB가 가장 큰 폭으로 부자감세, 즉 법인세를 인하한 것은 맞다. 그러나 군사정권 이후 모든 문민 정권이 '부자감세 정권'이었고 참여정부도 예외가 아니다. 부자감세를 가장 덜 한 정권은 DJ 정권이었다.

법인 이윤 1억 원 이상 기업의 법인세율이 노태우 시절 32% → YS 28% → DJ 27% → 노무현 25% → MB 20%였다.[159] 군사정권 시절 32%였던 법인세가 민주화된 이후 국민의 직접 선거에 의해 창출된 정권에 의해 20%까지 폭

---

158) 2015/10/02 [뉴시스] 중국인민銀, 위안화 투기억제 위해 '토빈세' 도입 검토

159) 오건호著, 대한민국의 금고를 열다(서울, 레디앙, 2010), p. 115.

삭 주저앉은 것이다. 이 같은 부자감세가 양극화 확산에 혁혁한 기여를 했음은 재언을 요하지 않는다. 미국 공급중시 경제학의 신자유주의를 무비판적으로 수용했다는 점에는 여야與野가 따로 없었다는 점을, 민주개혁 세력은 진심으로 반성해야 한다.

특히 참여연대파 경제학자들은 희한한 거시지표를 언급하며 군사정권 시절보다 지금이 훨씬 부의 분배가 평등하다고 주장하는데, 정말 혹세무민이다. 아무리 군사정권이 미워도 군사정권 시절의 모든 것을 100% 부정할 수도 없고 해서도 안 된다. 예컨대 박정희의 전국민 강제의료보험 시행, 고교평준화 정책, 전두환의 공교육 강화 정책 같은 업적은 적극적으로 승계해야 하지 않겠는가? 조선일보가 '통일'을 주장한다는 이유로 통일을 반대할 수는 없는 노릇 아닌가? 굳이 거시지표를 언급하지 않아도, 군사정권시절보다 지금이 양극화가 훨씬 심하고 빈부격차가 훨씬 확대되었다는 것은 공지의 사실이다. 군사정권 이후 문민세력도 이를 철저하게 반성하지 않으면 안 된다. 더이상 군사정권과 적대적 공존하면서, 즉자적 원한 감정만 동원하는 식으로 국민의 지지를 얻을 수는 없다는 걸 명심해야 한다.

참여정부가 정권 잡고 집권 1년 차인 2003년도에 한 일이라곤 ▲대북 송금 특검으로 남북관계를 파탄내고 ▲부자(법인세) 감세하고 ▲민주당 분당한게 전부다. 국민이 정권을 외면하는 데에는 다 그만한 이유가 있는 법이지, 국민이 친노들만큼 깨어있지 못해서가 아니다. 더 이상 국민이 깨어있지 못해 새누리당을 지지한다는 '친노식 선민의식'으로는 곤란하다.

특히 노무현 후보는 2002년 대선 토론에서 '법인세 증세(부자증세)'를 강력하게 주장하며 한나라당 이회창 후보와 각을 세워 놓고, 정작 집권하자마자 김진표 부총리를 앞세워 부자감세에 나섰다. 이게 참여정부다. 이런 정치세력을 국민이 어떻게 신뢰할 수 있겠는가? 친노가 판판이 깨지는 데에는 다 그럴만한 이유가 있는 법이다.

9. 삼성 수사 방해

독자들은 1992년 대선을 약 1주일 앞두고 벌어진 '부산 초원복국집 도청사건'을 기억할 것이다. 부산 초원복국집이라는 식당에 정부 주요 기관장들이 모여 여당 후보인 김영삼을 당선시키기 위해 지역감정을 부추기고, 정주영 통일국민당 후보, 김대중 민주당 후보 등 야당 후보들을 비방하는 내용을 유포시키자고 결의한 사건이다. '관권 선거'의 전형적인 예였다.

이를 정주영 후보의 국민당 측에서 도청하여 폭로하였고 당황한 김영삼 후보 측에서는 '정치적 음모'라며 즉각 반발했다. 그러나 결과적으로 이것이 김영삼 후보의 낙선을 우려하는 영남 민심을 자극하여 영남을 결집시켰고, 김영삼 후보 당선에 큰 기여를 하고 말았다. 이후 YS 정권에서 초원복집 사건에 관련된 사람들은 모두 영전하였고(그 중 하나가 바로 박근혜 정권에서 비서실장을 지낸 김기춘이다), 도청하여 폭로한 사람들만 모두 처벌받았다. 그렇게 '관권 부정선거'라는 큰 의혹은 아예 묻히고 말았다. 즉 YS는 초원복집 사건의 본질은 '관권 선거'가 아니라 '도청'이라고 가이드라인을 내렸고, 수사 결과도 YS의 지침대로 나왔다.

초원복국집 도청 사건과 본질에서 하나도 다를 바 없는 사건이 바로 참여정부의 '삼성 X-파일 도청 사건'이다. 노무현 대통령은 단군 이래 최대 국정 농단 사건인 삼성 X-파일 사건의 본질을 '도청'이라고 수사 가이드라인을 내렸고,[160] 수사 결과도 대통령의 지침대로 결론이 나왔다.[161] 그 결과 이를 폭로한 노회찬 의원만 처벌되고 삼성은 면죄부를 얻었다.[162]

삼성이 손가락 안에 드는 재벌기업이었던 것은 틀림없지만, 삼성이 재계의 압도적 1위 기업으로 성장한 건 참여정부에서였다. 2007년 11월 참여정부 임기가 마무리될 무렵이 되어서야 시사IN은 "삼성은 참여정부 두뇌이자 스승이었다"는 장문의 기사를 냈고, 윤석규 열린우리당 전 원내기획실장은 2010년이 되어서야 "노무현의 불행은 삼성에서 비롯됐다"는 기사를 프레시안에 기고했지만,[163] 참여정부가 삼성공화국이었다는 것은 업계에선 비밀도 아니었다. 이광재 전 의원이 그 파이프라인 역할을 했다는 것도 언론에 여러 차례

160) 2005/08/08 [이데일리] 노대통령 "도청이 정경언 유착보다 더 본질적 문제"
161) 2005/08/24 [프레시안] "노 대통령 발언은 노골적 '삼성 수사 중단' 지시"
162) 2005/12/25 [경향신문] [도청수사 중간발표] "검찰이 삼성계열사냐"
163) 참여정부 삼성 커넥션과 관련한 기사는 하도 많아서 몇 개만 인용하겠다.
   2007/11/26 [시사인] 삼성은 참여정부 두뇌이자 스승이었다.
   2010/03/17 [프레시안] "노무현의 불행은 삼성에서 비롯됐다"
   2010/04/19 [프레시안-정태인 인터뷰] "노무현의 '한미 FTA', 삼성의 프로젝트였다"
   2005/07/26 [프레시안] 노 대통령에게 홍석현 대사는 무엇을 남겼나
   2007/11/23 [프레시안] "상처만 남긴 노무현 정부와 삼성과의 동맹"
   2013/04/23 [한겨레] "삼성경제연구소, 국가정책 형성에 주도적으로 개입"
   2013/06/17 [시사IN Live] 참여정부와 세리 달콤쌉싸름한 관계

보도되었다.

참여정부 외교부는 2004년 12월 홍석현 중앙일보 회장을 주미대사에 내정하면서 '균형적 실용외교의 적임자'라고 극찬하였다.[164] 시민단체는 조세포탈범을 주미 대사라는 최고 요직에 중용한 것은 어처구니없는 일이라며 거세게 반발했지만 참여정부는 아랑곳하지 않았다. 삼성 X-파일 도청 사건만 없었더라면 지금 홍석현 회장이 유엔 사무총장하고 있을 것이라는 건 업계의 상식이다. 홍석현 회장 본인도 언론과 인터뷰에서 "유엔사무총장의 꿈 갖고 싶다"고 당당하게 밝히고 다녔고,[165] 만약 그렇게 되었다면 지금쯤 홍석현 회장이 친노의 유력한 대선 후보가 돼 있었을 것이다.

10. "10배 남는 장사도 있다"며 총선 공약 파기

부동산이 폭등하던 2004년 열린우리당은 '아파트 분양원가 공개'를 총선 공약으로 내세웠다. 그런데 총선에서 압승한 지 두 달도 안돼 노무현 대통령은 "10배 넘는 장사도 있다"면서 총선 공약을 뭉갰다.[166] 자칭 '깨어있는 시민'들로 넘친다는 열린우리당은 대통령의 서슬에 찍소리도 못했다. 두 달만에 대표적 총선 공약을 홀딱 뒤집는 이런 정치 집단을 어떤 국민이 신뢰하겠나? 국민이 깨어있지 못해서 새누리당을 찍는다고? 천만의 말씀이다.

---

164) 2004/12/17 [오마이뉴스] 홍석현 회장은 균형적 실용 외교의 적임자
165) 2005/02/15 [프레시안] 홍석현 주미대사, "유엔 사무총장 꿈 갖고 싶어"
　　"북핵문제 심각한 문제, 한미 정책공조 가장 중요"
166) 2004/06/11 [오마이뉴스] 대통령이 꿈꾸는 개혁에 서민은 없다

10배 아니라 20배 남는 장사도 있는 법이다. 국민 누구도 그걸 부정하지 않는다. 다만 의교주(醫敎住), 노동, 복지, 경제 영역 등 국민의 필수적 삶과 관련된 분야는 10배의 이문을 남기는 정글 자본주의에 방치해서는 곤란하다. 그건 헌법 위반이며(헌법 전문, 119조) 대통령의 직무 유기다. 그럴거라면 뭐하러 정권잡나. 그냥 '보이지 않는 손'에게 맡기면 되지.

이건 정권의 근본 정치 철학과 관련된 문제이다. 참여정부가 신자유주의 착근에 혁혁한 기여를 한 것도 이런 철학의 산물이다. 참여정부에서 부동산 가격은 천정부지로 치솟았고 자산가들은 참여정부에 환호했다.

11. 비정규직을 '기간제'로 합법화

美 재무부 대리인 IMF의 강요

비정규직 얘길 안 할 수 없다. 오늘날 한국 사회의 가장 심각한 문제인 '양극화'의 가장 큰 원인이 바로 비정규직 남발에 있기 때문이다. IMF 이전에 우리는 비정규직이라는 단어를 몰랐다. 비정규직은 미 재무부 대리인인 IMF가 한국에 강요하여 탄생한 사생아다.

1997년 12월 초, 당시 대통령 YS는 IMF의 요구에 따라 유력 대선 후보 3인(이회창, DJ, 이인제)을 청와대로 불러, 누가 대통령에 당선되든 IMF의 요구 사항을 충실하게 이행하겠다는 각서를 요구했다. 이에 따라 3인은 모두 각서를 제출했고, YS는 이를 취합하여 IMF에 제출했다. 한마디로 굴욕이었다. 그러나 그 당시 어떤 국내 정치 지도자도 IMF의 굴욕적 요구에 대해 분노하지 않았다. 아마도 대선을 코앞에 둔 살얼음판과도 같은 상황이라서 그랬을 것이다.

그리고 DJ가 당선된 지 3일 후 IMF를 사실상 지배하는 미 재무부의 차관이 서울로 날아와, DJ로부터 IMF조건 이행을 재차 확인 받고 미국으로 돌아갔다. 그렇게 미국과 IMF는 '글로벌 스탠더드'라며 한국에게 노동유연성, 즉 근로자 해고의 자유를 강요하였고 우리는 영문도 모른 채 죄인처럼 이를 수용했다. 그 외에도 살인적 재정긴축, 자본시장 전면개방, BIS비율 준수, 고금리, 자유변동환율제 도입, 기업 부채비율↓, 한국은행 독립 등을 강요하며, 사냥감 약탈을 위한 사전 정지작업을 했다.

IMF의 속내는 경제 위기가 닥쳐 돈이 절실하게 필요한 한국인들에게, 시중의 돈이 씨가 마르도록 해서 외국 투기자본을 투자할 최적의 환경을 조성하는 데 있었다. 그 사전 정지 작업이 바로 재정긴축, BIS비율 강요, 고금리 정책, 부채비율 감축 등이었다. 즉 재정긴축으로 내부 자본 동원을 금지시키고, BIS비율 강요로 시중 자금을 빨아들이고, 고금리 정책으로 금리가 싼 미국 투자자들이 투자할 수 있는 최적의 여건을 조성하는 것이다.

그 결과 IMF 시절 우리의 재정정책은 IMF 아시아 태평양 담당 국장 휴버트 나이스가 간섭했다. 1904년 제1차 한일 협약에 따라 일본인 메가타 다네타로가 조선 재정고문으로 부임해 사실상 재경부 장관 행세하면서 재정 개혁

(?)한 것과 유사한 일이 1998년 '글로벌 스탠더드'의 이름으로 재현된 것이다. 사실상 '경제 신탁통치'나 다름없는 상황이었다. YS 정권이 세계화를 명분으로 추진한 대책 없는 '금융 개방'이 불러온 참사였다.[167] 다시 말하지만 개방은 '전략적, 선별적, 제한적'으로 해야 국익에 도움이 되는 것이지 소국이 '전면개방'의 길을 택하는 건 무모하기 짝이 없는 행동이다.

IMF체제를 찬양한 대한민국

DJ 정부 당시, 보수·진보 세력 모두 너나할 것 없이 IMF 체제를 찬양했고 누구나 IMF에 저항할 상상을 하지 못했다. 그 당시 우리는 무엇을 잘못했는지는 모르지만 결과적으로는 죄인 같았다. DJ는 대선 직전에 IMF와 재협상해야 한다고 주장했다가, 국민여론이 심상치 않게 돌아가자 황급히 재협상론을 거두어야 했다.[168] IMF 말씀이 곧 하느님 말씀처럼 금과옥조로 여겨졌던 시절이었다. 그 결과 우리는 IMF에게 완전히 탁탁 털리고 말았다.

그 이후 2000년 대에 들어오면서 우리가 부당하게 IMF에게 털렸다는 자각이 일어나기 시작했고, 2008년 미국이 금융위기에 빠지고 나서야 우리만 미련하게 IMF에게 탁탁 털렸다는 것을 깨닫게 되었다. 주지하다시피 2008년 9월 리먼 브러더스가 파산하면서 미국발 금융위기가 시작됐다. 이때 미

---

167) 2015/11/23 [내일신문] [김영삼 전 대통령, 경제개혁 성과 냈지만] IMF 외환위기로 '경제무능 대통령' 오명

168) 1997/12/13 [연합뉴스] 李會昌·金大中 후보 IMF 재협상 격론

국은 어떻게 대응했나? 기가 막힌다. 미국은 IMF때 우리에게 강요했던 것과 '정반대'의 처방을 내렸다. ▲1997년 아시아 금융위기시 민영화만이 '글로벌 스탠더드'라며 알짜 기업 매각하라고 부추겼던 미국은 본인들이 금융위기에 빠지자 시티은행, AIG, GM을 국유화했다. ▲아시아 국가들에게는 긴축을 강요했던 미국은 자신들이 금융위기에 빠지자 '역사상 유례없는 확장정책'을 폈다. 심지어 G20까지 총동원해서 돈을 풀었다. ▲아시아 국가들에게는 고환율 유지를 강요했던 미국은 자신들이 위기에 빠지자 달러 약세를 막기 위해 필사적이었다. ▲후진국에게 노동유연성을 높이는 것이 '글로벌 스탠더드'라고 했던 미국은 고용유지를 위해 각종 보조금을 지급했다(고용이 유지돼야 소비를 할 수 있고, 소비를 해야 기업의 생산도 가능하고 그 결과 경제가 살아날 수 있기 때문이다). ▲아시아 국가에는 BIS비율을 강요했던 미국은 BIS비율 적용을 거부하고 대신 유형자기자본비율이라는 독자기준을 사용했다. BIS비율을 높이려면 시중 자금을 회수하여야 하는데 이는 양적 완화정책과 어긋나기 때문이다.

미국이 2008년 금융위기시 돈을 얼마나 풀었냐면, 구제 금융에 투입된 금액만 총 11조 달러에 이른다. 이는 당시 미국 GDP의 74%에 이르는 금액이다. 이게 얼마나 큰 액수인지 감이 안 올 것이다. 우리와 비교해보자. 우리가 IMF 위기로 투입한 공적 자금이 대략 170조였다. 1999년 GDP가 대략 490조 정도였으니, 당시 GDP의 대략 35%에 이르는 금액이 투입된 것이다. 그런데 미국은 우리의 2배 이상을 퍼부은 것이다. 망할 기업은 망하게 두는 것이 자유시장경제 아닌가? 그런데 미국은 우리에게는 "망하게 내버려둬야 체질이 강화된다"고 해놓고, 정작 본인들은 구제금융 투입해서 다 살려냈다.

참으로 무지몽매한 야만의 세월이었다. 말레이시아 외과의사 출신 마하티르 총리는 IMF의 요구에 대해 "엿먹어라"면서 IMF처방과 정반대로 했다. 마하티르를 그렇게 욕하고 흔들어대던 미국도, 정작 자신들이 금융위기에 빠지자 마하티르 방식을 그대로 따라했다. 대한민국에 미국 경제학 박사가 수천 명 있으면 뭐하나? 마하티르 한 명만도 못한데.

지나서 생각해보면, 마하티르나 미국의 처방은 지극히 '상식적'인 것이다. 케인즈는 "공황이나 불황이 닥치면 빨리 돈을 풀어서 거품을 유지하라"고 하지 않았던가? 마하티르나 미국은 상식에 맞게 불황이 닥치자 돈을 풀어 대응한 것이다. 그런데 1997년 우리는 상식과는 정반대로, 불황이 닥치자 돈을 풀기는커녕 IMF 지시대로 돈을 빨아들이기 바빴다. 이 얼마나 미련한 민족이란 말인가?

한국 경제를 대놓고 약탈한 IMF는 미안했던 모양이다. 2010. 7. 12. IMF 총재 도미니크 스트로스 칸은 대전 컨벤션센터에서 열린 아시아 컨퍼런스에 참석하여 "1990년대 말 아시아 외환위기 당시 IMF는 한국을 포함한 아시아 국가들에 필요 이상으로 많은 고통을 요구했다. 덜 고통스런 방법이 있었다는 것을 몰랐다"고 공식 사과했다.[169] IMF 본인들도 뭐가 뭔지

---

169) 2010/07/13 [동아일보] "IMF 아시아국가 쿼터 늘릴 것 환란때 무리한 조치 거듭 사과"
   2010/07/12 [한국경제] "IMF 처방, 덜 고통스런 방법 있는 줄 몰랐다."

모르고 막 던지고 봤던 말을 우리는 성경말씀처럼 신봉했던 것이다. IMF는 "미안하다"는 한마디면 끝일지 모르겠지만, 거리로 내몰린 수십만 가장들의 피눈물과 가정이 해체되고 사회가 붕괴되었다는 것을 생각하면 분통이 터진다. 그 피눈물을 어떻게 보상할 것이며, 그 결과 고착화된 비정규직은 어떡할 것인가?

참여정부, 사상 최대 비정규직 비율

1996년 12월 YS의 신한국당은 정리해고 요건을 완화하는 내용을 골자로 한 노동법을 날치기 통과시켰다. YS의 '세계화' 정책의 일환이었다. 그리고 IMF사태를 맞았다. DJ 정부는 창졸간에 IMF 위기를 물려받아야 했다. 앞서 언급했듯, 당시 우리 국민의 수준은 IMF에 저항할 수 없었다. DJ는 피 눈물을 머금고 IMF가 요구하는 정리해고법을 받아들여야만 했다. DJ는 "이것은 한시적인 것이다. 힘든 상황을 벗어나면 모두 제자리로 돌아갈 수 있을 것이다"라며 국민을 독려했다. 이해할 수 없는 것은 참여정부였다. DJ는 IMF 빚을 모두 갚아 참여정부에게 물려주었다. 또한 우리 경제의 최대 수요자인 중국과 미국의 경제 호황으로 인해 경제위기를 극복하고 자본축적의 전성기를 구가하는 상황이었다. 그럼에도 참여정부는 IMF 때 침해된 노동기본권을 복원할 생각조차 하지 않았다. 참여정부는 본인들이 확고한 철학만 있었다면 얼마든지 정책 자율성을 확보할 수 있었다. 그러나 참여정부는 아무 고민 없이 IMF 체제에 더욱 철저하게 편승했다.

2006년 11월 30일 열린우리당과 한나라당은 대연정 정신으로 비정규법 (기간제 및 단시간 근로자 보호 등에 관한 법률안, 파견 근로자 보호 등에 관한 법률 개정안, 노동위원회법 개정안)을 통과시켰다.[170) 그렇게 이들은 비정규직을 '기간제'라는 이름으로 아예 제도화시켰다. 기간제법은 비정규직 근로자가 2년 이상 일하면 정규직으로 전환하도록 규정했다. 친노들은 이것을 두고 비정규직으로 2년만 일하면 정규직이 될 거라고 혹세무민했다. 그러나 현실은 2년을 채우기 직전에 해고당하고, 그 자리를 새로운 비정규직으로 채우면서 '한번 비정규직은 영원히 비정규직'으로 고착화되고 말았다. 즉 2년 내 언제든 비정규직 근로자가 해고될 수 있는 '해고 자유법', '비정규직 양산법'이 되고 말았다.[171) 그 결과 비정규직은 폭증하고 말았다.

사상 최대의 비정규직을 남발한 정권이 어느 정권인지 아는가? MB 정권도, 박근혜 정권도 아니다. 바로 참여정부다. 이게 통탄할 일이다. 서민 중산층의 피와 땀으로 세운 정권이, DJP연대처럼 반쪽 정권도 아니고 온전히 우리 힘으로 세운 정권이, 가장 반서민적, 반개혁적이었다. 우리가 막연하게 이미지만 갖고 정당이나 정치인을 지지하면 곤란한 것도 바로 이런 이유이다. 친노가 무슨 선거를 치러도 판판이 깨지는 데에는 다 그럴만한 이유가 있는 것이다.

---

170) 2006/11/30 [뉴시스] 국회 비정규직법 통과...민노 "날치기 폭거" 반발
     열린우리당 환경노동위원회 소속 의원들은 본회의 처리 직후 기자회견을 열어 "이제야 비정규직에 대한 불합리한 차별은 금지하고 남용을 막을 수 있는 최소한의 법제를 마련했다"면서 "결단코 비정규직 노동자들을 억울한 처지에 방치하지 않고 불합리한 차별은 해소하고 고용안정성을 높여 '차별없는 대한민국'을 만들겠다"고 강조했다(위 기사).
171) 2014/11/12 [노컷뉴스] 문재인 "영화 '카트' 보며 부끄러운 심정이었다"

전체 임금 근로자 중 비정규직 비율이 가장 높았던 시절은 바로 2004년 8월이다(36.99%). 참여정부 내내 비정규직 비율이 35.5% 이하로 내려온 적이 없다. 이걸 35% 이하로 낮춘 건, 정말 인정하기 싫지만 MB 정권이다. 심지어 MB는 33%대까지 낮췄다. 더구나 참여정부는 미국 경제가 호황이라서 우리도 덩달아 호황이었던 반면, MB때는 리먼 파산으로 인해 미국과 우리나라는 사실상 제2의 금융위기였던 시절이었다. 그리고 비정규직 비중을 32%대까지 낮춘 건 박근혜 정부였다.

전체 임금근로자 중 비정규직 비율(자료 : 통계청, e-나라지표)

참여 정부					MB 정부										박근혜 정부			
04년 8월	05년 8월	06년 8월	07년 3월	07년 8월	08년 3월	08년 8월	09년 3월	09년 8월	10년 3월	10년 8월	11년 3월	11년 8월	12년 3월	12년 8월	13년 3월	13년 8월	14년 3월	14년 8월
36.99	36.63	35.55	36.69	35.90	35.25	33.81	33.40	34.90	33.08	33.34	33.81	34.24	33.34	33.33	32.30	32.59	32.13	32.36

1~2%가 무슨 차이냐고 하겠지만 우리나라 전체 임금근로자가 1,900만명에 육박한다. 여기의 1~2%면 20만~40만 명이나 되는 숫자다. 물론 이것도 언발에 오줌누기라는 게 진보정당의 주장이다. 진보정당 말이 맞다. 그러나 어쨌든 1%라도 낮춘 건 MB다. 그걸 더 낮춘 건 박근혜다.[172]

참여정부 시절 노동자가 가장 많이 잘렸고, 구속됐고, 죽었다. 그래서 정동영은 피 토하며 새민련은 노동 반성문을 제출해야 한다고 주장하는 것이다.

---

172) 2013/01/27 [아시아경제] 한화그룹, 비정규직 2000명 정규직 일괄 전환 '파격'
2013/04/30 [연합뉴스] SK그룹 대규모 정규직 전환에 대기업들 '촉각'
2013/05/23 [이데일리] GS그룹, 비정규직 2500명 연말까지 정규직 전환

친노 정치인 중에 정동영만큼 노동 문제에 관심 있는 정치인 있나? 심지어 젊은 친노 도지사는 "집권세력 만들겠다면 희망버스 타선 안된다"고 주장하기도 하였다.[173] 그들의 정체성이 새누리당과 차이가 없다는 것이 드러난 것이다. 아직도 친노가 개혁 세력이라고 믿는가?

새누리당의 정당 지지율이 늘 새민련보다 높은 게 다 이유가 있는 거다. 가난하고, 못살고, 못배운 저소득층의 새누리당 지지율이 새민련보다 압도적으로 높은 것도 다 이유가 있는 것이다. 친노들은 국민들이 본인들만큼 깨어있지 못해서, 무식해서, 역사의식 없어서 새누리당을 찍는다고 주장하지만, 그런 주장이야 말로 '싸가지 없는' 주장인 것이다.

12. 참여정부 핵심 세력의 부패

참여정부 핵심 세력은 당정청, 대통령 일가 친인척이 총체적으로 특가법상 뇌물 수수와 불법 정치자금 수수로 몰락했다. 박연차 사건 하나에 연루된 참여정부 당정청 인사들만 20명이 넘었다.[174] 참여정부가 마치 청렴했던 것처럼 주장하는 것은 옳지 않다. 그것은 사실이 아니다.

박근혜 정부에서 총리를 지낸 이완구 의원은 성완종 회장으로부터 3,000만원의 불법자금을 수수했다는 의혹으로 기소되어 재판이 진행 중이다. 참여

---

173) 2011/08/08 [오마이뉴스] "집권세력 만들겠다면 희망버스 타선 안돼"
174) 2011/01/27 [한국일보] 이광재 유죄 확정...사실상 막내린 '박연차 게이트'

정부에서 총리를 지낸 한명숙 전 의원은 약 9억여 원의 불법 정치자금 수수로 1심 무죄 → 2심 유죄선고 받고, 최종심인 대법원에서 대법관 13명의 사실상 전원일치로 유죄판결을 받았다. 두 사건의 구조는 국화빵처럼 동일하다. 차이가 있다면 한명숙 전 의원은 약 9억원을 수수하여 이완구 의원이 수수한 3,000만원의 무려 30배라는 점, 한명숙 전 의원은 총리를 그만두고 발각됐지만 이완구는 현직 총리 신분으로 발각됐다는 점, 한명숙 전 의원 사건의 경우 돈을 주었다는 사람이 생존해 있는데 반해 이완구 의원 사건의 경우 고인故人이 됐다는 점 뿐이다.

문재인 대표는 보궐 선거가 한창인 2015년 4월 17일 이완구 의원의 3,000만원 수수 의혹과 관련하여 "박근혜 정권의 정통성이 걸린 문제"라고 공세를 펼친 바 있다.[175] 그렇다면 똑같은 잣대로 한명숙 의원의 9억원 수수 유죄 선고도 참여정부의 정통성이 걸린 문제라고 봐야 할 것이다. 안 그런가? 그러나 친노 세력은 한명숙 전 의원에 대해 최종적으로 유죄가 확정되자 "양심의 법정에서는 무죄" 운운하며 적반하장의 태도를 보였다. 한명숙 의원의 여동생에게 흘러들어간 수표 1억원을 포함한 3억원 부분에 대해서는 야당 쪽에서 추천한 대법관을 포함한 13명 전원이 유죄를 인정하였고, 나머지 6억 부분에 대해서만 8(유죄):5(무죄)로 갈렸을 뿐이다. 국민적 공분이 하늘을 찌르는 데도 친노는 반성의 빛은커녕 방약무도한 태도로 어깃장을 부렸다. 친노가 판판이 깨지는 데에는 다 그럴만한 이유가 있는 법이다.

---

175) 2015/04/17 [서울신문] 문재인 "정권 정통성 걸린 사건…대통령 남일 말하듯 안돼"

13. 참여정부의 중소기업 고유업종 폐지, 이를 되살린 MB 정부

1979년부터 2006년까지 중소기업고유업종 제도가 있었다. 중소기업을 보호하기 위한 제도였는데, 시장 원칙에 반한다며 이를 폐지하고 양극화를 부추긴 건 MB 정권이 아니라 바로 '사람사는 세상'을 외치던 참여정부였다.[176] 이처럼 참여정부는 한나라당과 한 치도 다를 바 없는 신자유주의 정권이었다.

참여정부가 없앤 이 중소기업 고유업종 제도를 '중소기업 적합업종'이란 제도로 부활시켜 중소기업 보호에 나선 건 엉뚱하게도(?) MB 정부의 정운찬 총리였다.[177] 이게 얼마나 기가 막힌 현실이란 말인가? 참여정부는 작은 정부, 규제완화, 금융자유화, 개방화에 혈안이 된 '워싱턴 켄센서스' 정권이었다.

참여연대派가 요구했던 경제 개혁법안, 예컨대, 금융정보분석원(FIU)법, 공정거래법, 하도급법, 프랜차이즈법, 자본시장법 등을 개정하여, 대기업 일감 몰아주기 규제, 하도급 업체와 불공정 특약 금지, 납품단가 후려치기에 대한 징벌적 손해배상, 프랜차이즈 가맹업주에 대한 권리 강화 등의 개혁을 한 건 박근혜 정권이었다(2013.08.31).[178]

---

176) 2004/07/19 [오마이뉴스] 중소기업 고유업종제, 2006년까지 단계적 폐지
177) 2015/05/14 [전자신문] [이현덕이 만난 생각의 리더]〈15〉 정운찬 전 국무총리(동반성장연구소 이사장)
　　　2010/07/21 [머니투데이] "청와대, 고유업종제 폐지 문제점 실태조사 지시"
　　　2011/05/10 [매경] 中企적합업종 실행력이 더 중요
178) 2013/05/14 [세계일보] 새누리당, '甲의 횡포'에 징벌적 손해배상 도입

나는 지금 박근혜 정권을 옹호하는 게 아니다. 나는 위와 같은 '미국식 대중요법'으로는 양극화의 근본 구조를 절대 바꿀 수 없다고 본다. 그러나 쥐꼬리만한 이런 '개량주의적 방법'이라도 입법화한 건 참여정부가 아니라 박근혜 정권이라는 기막힌 현실을 말하고 있는 것이다. 대체 참여정부는 정권 잡고 뭘했단 말인가? '꼭지점 댄스'만 열심히 추었다.

14. 종부세 실패

참여정부가 한 일 중에서 딱 하나 잘했다고 할 수 있는 건 종부세다. 그러나 그들은 역사에 대해 무지했고 조세 정책에 대해 거칠었다. 도대체 친노들은 아는 게 없었다.

조선 최고의 세제 개혁은 바로 '대동법'이었다. 대동법은 1608년 경기도를 시작으로 18세기 초 전국으로 확대되기까지 약 100년의 시간이 걸렸다. 조세 정책의 변동은 그만큼 저항이 심하고 예민하다는 반증이다.

참여정부 시절, 기준시가 9억(후에 6억으로 개정) 이상이면 예외없이 1주택 소유자까지도 일률적으로 종부세를 부과하였다. 난 이것이 종부세를 연착륙시키지 못하고 실패하게 한 결정적 요인이라고 생각한다. 1세대 1주택자에 대한 일률적인 과세는 '강남 vs 비강남' 구도라는 불필요한 논쟁을 야기하고 말았다. 당시 기준시가 9억 넘는 주택은 강남을 제외하곤 존재하지 않았기 때문이다. 종부세 같은 혁명적인 조세 정책은 착근이 중요한 것이다. 그러기 위해서는 국민의 지지가 필요했고, 이를 바탕으로 제도의 연착륙이 절실했다.

종부세를 연착륙시키기 위해서는 '강남 對 비강남'의 구도가 아니라 '주택 실수요자 對 주택 투기수요자' 구도로 전환해야 했다. 실수요자는 철저하게 보호하되 투기수요자는 발본拔本하겠다고 선언하면서, 강남 거주자의 경우에도 1세대 1주택 실수요자의 경우에는 보유세를 부과하지 않거나 대폭 경감하여 주는 것이 종부세를 연착륙시킬 '정치적 결단'이었다.

만약 그렇게 종부세를 연착륙시켰다면 강남 여론도 MB도 함부로 종부세에 손을 대지 못했을 것이고, 헌재도 함부로 종부세를 위헌 선언하지 못했을 것이다. 예를 들어보자. 20억 강남 아파트 1채 갖고 있는 사람과, 비강남 지역에서 4억짜리 아파트 5채 갖고 있는 사람 중 누가 나쁜가? 후자가 훨씬 나쁘다. 자본주의 사회에서 좋은 집에 사는 게 무슨 흠인가? 그러나 후자의 경우는 투기꾼이다. 물론 보유세의 취지에 비추어 1세대 1주택의 경우에도 일률적으로 과세하는 것이 법리적으로도 옳고 선진 입법례이기도 하지만, 나라 운영이 어디 법만 가지고 되나? 그래서 정치가 필요한 것 아닌가? 날치기도, 정적 제거도, 여론조작도, 사술詐術도, 욕먹는 것도 정치행위다. 정치가 법과 도덕만 갖고 되던가?

강남에 덜렁 집 한 채 갖고 있는 사람에게 종부세를 부과하는 것은 누가 봐도 '국민 정서'에 어긋난다. 전 국민 중에서 몇 명 되지도 않는 강남 1세대 1주택 소유자까지 예외없이 종부세를 부과하여 '강남 vs 비강남'이라는 불리한 아젠다가 세팅됐다. 종부세를 저지하기 위해 예민하게 촉각을 세우던 현대판 양반 지주인 재벌과 조중동은 "이때다" 하고 종부세를 '강남 對 비강남'의 문제로 몰아갔고, 그 결과 참여정부를 지지했던 상식적인 강남 주민까지 적으로 만드는 우매한 짓을 저질렀다.

종부세에 관한 한 참여정부는 정책만 있었지 정치는 없었다. ⅰ) 원칙을 확실하게 제시하여 일관성을 유지하고, ⅱ) 장기간에 걸쳐 단계적으로 실시해서 부담을 덜어야 했는데, 참여정부는 일관성에만 매몰돼 ⅱ.의 측면을 깡그리 무시했다. 종부세의 실패는 정치의 실패였다. 참여정부는 1차적으로 종부세를 연착륙시키고, 그 다음 정권을 '재창출'해서 종부세의 과세 범위를 조금씩 확대했어야 했다. 그들은 정권 재창출 자체가 최대의 개혁이라는 것을 몰랐다. 그리고 결정적으로 대동법도 몰랐다.

15. 제주 해군기지 건설 확정

세계 제2차 대전 당시 소련은 발트 연안 국가인 에스토니아를 침략하여 ▲영토 내 군대 주둔권 ▲해군기지 건설권 ▲상호원조조약을 맺었다. 외교사 교과서에서는 이를 두고 "사실상 보호권을 설립했다"고 설명한다(오기평著, 세계외교사 전정 증보판 477p, 박영사刊).

제주 해군 기지는 단순히 환경보전의 문제가 아니라 중차대한 외교안보 현안이라는 점을 엄중 인식해야 한다. 참여정부는 제주도에 해군기지 건설을 확정했다. 북한을 주적으로 하는 대한민국이 왜 본토에서 떨어진 제주도에, 그것도 북단이 아니라 남단에 해군기지를 건설할까? 상식적으로 이해가 안 된다. 100보 양보하여, 북한이 잠수함을 이용하여 대한민국의 남해안부터 침략한다고 해도, 본토를 침략하지 제주도 남단부터 침략할 리는 만무하지 않은가?

많은 양심적 민주 개혁세력과 국제정치 전문가들은 저 해군기지에 미군 군함이 정박할 것이라고 확신하고 있다. 세계 지도를 펴놓고 보라. 제주도는 동중국해, 남중국해, 댜오위다오, 산둥 반도 등 핵심 분쟁 (예비) 지역으로 접근하는 전략 요충지역이지, 북한 방어와는 아무 관련 없다. 그러나 참여정부, MB 정부, 박근혜 정부는 일관하여 "미군이 정박할 리 없다"고 부인해 왔다.

그러나 2015년 8월 5일 주한 美해군 사령관 리사 프란체티(Lisa Franchetti) 는 이임 인터뷰에서 "미 해군은 제주에 해군기지가 건설되는 즉시 항해와 훈련을 목적으로 함선들을 보내기를 원한다"고 밝혔다.[179] 이처럼 한미 FTA 협상, 전략적 유연성 협상, 용산 기지 이전 협상, 제주 해군기지 건설 등과 관련하여 참여정부는 한나라당 세력과 한 치도 다를 바 없이 늘 새빨간 거짓말로 일관했다. 패턴은 늘 똑같다. "시민단체가 어떤 사안을 주장하면 일단 '부인' 하고 본다 → 나아가 '좌파들의 철없는 공세'라고 일축한다(빨갱이라고 안 해주니 고마워해야 하나?) → 2~3년 지나면 미국 언론이나 미 고위 당국자의

---

179) 2015/08/05 [Yonhap] U.S navy eager to send ships to Juju naval base
2015/08/07 [민중의 소리] 미 해군, '제주 해군기지 이용' 첫 언급
퇴임하는 주한美해군사령관 "제주해군기지에 '항해 훈련' 위해 함선 보내길 원해"

발언 통해 진실이 밝혀지는데, 결국 시민단체들의 주장이 늘 옳았던 것으로 판명난다 → 그러나 당시 정부에서 새빨간 거짓말을 했던 사람 그 누구도 책임지는 사람은 아무도 없다."

1274년, 1281년 韓中(려몽) 연합군은 두 차례 일본을 침략한다. 그때도 지금처럼 여몽연합군 사령관은 중국인이었고 부사령관은 한국인이었다. 지금도 한미연합사령관은 미국인이고, 부사령관은 한국인이다. 그 당시 일본을 침략할 때, 한중 연합군은 마산 합포항에서 출정하여 일본으로 쳐들어갔고, 제주도는 중국의 병참기지이자 기항지였다. 당시 한국은 강대국(中日) 간 전쟁에 속절없이 빨려들어가 전쟁 비용을 대느라 고려 경제는 파탄이 났고, '고려판 정신대'로 불리는 수십만 명의 공녀를 중국에 바쳐야 했다. 이 얼마나 참담한 일이란 말인가?

그로부터 730여 년이 지난 지금, 미국은 Pivot to Asia를 선언했고, 리밸런싱(Rebalancing)을 선언했다. 150년째 친일 국가인 미국은 중국 견제를 위해 일본의 집단자위권을 적극 지원했다. 만약 저 제주 해군기지에 미군과 일본군이 정박하여 對중국 분쟁의 발진 기지가 되어 한국군도 같이 출정하자고 하면 어쩔텐가? 정치인과 국민 모두 정신 똑바로 차려야 한다.

미 해군 사령관은 위 인터뷰에서 "제주기지를 미군이 이용하겠다"고 공개 선언한 것이나 마찬가지다.[180] 만약 미 해군이 저 제주 해군기지에 들어온다

---

180) 2015/08/19 [프레시안] 제주 오는 미군, 한국 정부 사전 동의 필요 없다

면, 친노 세력은 어떤 책임을 질 것인가?[181] 미군이 대체 왜 제주도 남단에 들어오겠나? 친노들은 본인들이 싸지른 오물에 대해 무슨 말이라도 해보라. 이미 '노명박 정권'에서 남북관계는 파탄 났고, 한미일 3각 동맹은 강화되었고, 전략적 유연성은 수용되었다. 나아가 제주 해군기지에 미국과 일본의 항공모함이 드나들게 되면 대한민국의 외교안보는 누란의 위기로 빨려들어 갈 것이다.

---

181) 2011/09/30 [프레시안] 문재인 "盧정부, 제주 해군기지 첫 단추 잘못 채워 송구"

제2절. 친노 세력의 DNA에 흐르는 영남패권성

지금까지 한나라당과 다를 바 없는, 아니 한나라당을 훨씬 능가하는 친노들의 정책적 수구 보수성에 대해 언급했다. 이제부터는 친노들의 영남패권성을 언급할 것이다.

친노들은 계급을 배신할지언정 지역을 배신하지 않는다. 각종 친노 사이트와 댓글에서 드러나는 친노의 영남패권성과 호남 증오는 새누리당보다 훨씬 더했으면 더했지 덜하지 않다.

당시 노무현 대통령의 최측근 중 하나는 누가 뭐라고 해도 유시민 전 장관이었다. 난 노무현 대통령이 유시민 전 장관을 발탁한 것이 몰락을 재촉했다고 확신한다. 일반 국민들은 유시민 전 장관을 진보라고 착오하고 있겠지만 그야말로 거대한 착각이다. 그는 동아일보 칼럼니스트 출신으로 전형적인 영남 패권주의자이자 신자유주의자이다.

1987년 김대중-김영삼 단일화 협상 과정에서 김영삼 측은 "만일 김대중이가 후보가 되면 군부가 그날로 죽여 버릴 것이다. 군부가 비토하니 DJ가 후보가 되어선 안 된다"고 주장했다.[182] 군정 종식을 외치면서 민주화 투쟁했던 동지들이, 군부 독재자가 반대하니 출마해선 안 된다고 모순된 주장을 한 것이다.

---

182) 김택근著, 새벽, 김대중 평전(경기도 파주, 사계절, 2012), p196.

이와 비슷한 주장을 한 것이 유시민 전 장관이다. 유시민 전 장관은 1997년 대선에서 영남의 비토 정서 때문에 DJ의 당선 가능성은 거의 없으니 조순 전 서울시장을 내세워 간접집권하자는 주장을 해서 그의 영남패권적 속성을 그대로 드러낸 바 있다. '군부'가 '영남'으로 바뀌었을 뿐, 본질은 동일하다. 그의 DJ에 대한 저주와도 같은 독설은 지금도 인터넷을 검색하면 동영상이 나온다.

유시민 전 장관이 좋아했던 조순은 97년 대선에서 이기택과 함께 당시 이회창의 신한국당에 입당, 조순의 아이디어로 당명을 한나라당으로 바꾸고, 호남의 피와 애환이 서린 DJ의 마포당사를 한나라당에 넘겼다. 이 마포당사는 1988년 DJ가 천신만고 끝에 마련한 당사다. 1992년 DJ가 대선에서 떨어지고 영국으로 떠나는데 이때까지 이 마포당사의 은행 대출금 80%를 DJ가 갚은 상태였다. 그러나 이 마포당사는 1995년 DJ가 국민회의를 창당하면서 민주당을 탈당하는 바람에 이기택의 민주당 소유가 되었다. 그리고 1997년 이기택은 민주당 대선 후보로 조순을 영입하였지만 세가 불리하자 한나라당에 투항한다. 그리고 DJ의 마포당사도 함께 한나라당에 넘긴 것이다. 당사 마련에 땡전 한 푼 기여한 바 없는 이기택과 조순이 한나라당에 넘긴 마포당사는 호남의 피와 눈물이 서려있는 당사였다. 이 마포당사는 1997년 12월 대선에서 패배한 이회창이 22억 원에 매각하여 '대선 빚잔치'에 충당했다. 이에 대한 DJ의 소회를 들어보자. DJ는 자서전에서 1995년 새정치국민회의 창당 과정을 설명하며 다음과 같이 털어놓았다.

"마포에 있는 민주당사는 우리 민주 진영의 모든 것이 스며 있었다. 애환이 켜켜이 서린 곳이었다. 그러나 이기택 대표를 비롯하여 지도부가 버티고 있었다. 나는 5층짜리 마포 당사를 포기했다. **정말이지 피눈물을 흘려 마련한 당사였다.** 하지만 어쩔 수 없었다. 일부에서는 들어가 대표 경선을 해서 당사를 되찾자고 했다. 물론 너무 아깝고 안타까워서 그랬을 것이다. 하지만 나는 단호하게 거부했다. **국민 앞에 추태를 보이기 싫었다**(김대중 著, 김대중 자서전1 p655, 삼인刊).

1. 친노들의 DJ에 대한 뿌리 깊은 반감

DJ의 햇볕정책 파기

대북 송금특검은 정치공학적으로 봤을 때, 영남 친노 세력이 자신들이 고향에서 지지를 획득하기 위해 DJ 등에 칼을 찍은 사건이다. 물론 앞서 지적했듯 이 천부당만부당한 대북 송금특검으로 남북관계는 파탄났고, 한미일 3각 동맹은 공고화되었으며, DJ가 부시에게 남북 철도 연결 작업을 반대하지 말아달라고 호소하면서 복원하려 했던[183] 남북 철도는 아직까지 연결되지 못

---

183) 2005/01 [Foreign Affairs-by Selig S. Harrison] Did North Korea Cheat?
These steps required U.S. approval to de-mine the demilitarized zone. The United States strongly resisted the thaw, refused to approve the de-mining, and threatened to block the Kaesong project by restricting the use of U.S.-licensed and other sensitive technology by companies investing in the zone. (U.S.-South Korean tensions over the technology issue have since intensified.) But in August 2002, South Korea's then president, Kim Dae Jung, personally appealed to President George W. Bush to drop his objections, and on September 12, after an intense diplomatic struggle, the Pentagon reluctantly gave the go-ahead for de-mining. **번역:** 이런 조치(남북철도 연결을 뜻함-저자)를 위하여는 비무장지대의 지뢰제거작업을 위한 미국의 승인이 필요했다. (그러나) 미국은 (남북의) 해빙무드를 강하게 반대했고, 지뢰 제거 승인을 거부했으며, 미국 특허기술을

하고 있다. 친노 세력의 DJ에 대한 뿌리 깊은 반감은 참여정부 5년 내내 지속되었다.

2003년 5월 한미 정상회담 직후, 노무현 대통령의 한 핵심 측근은 〈오마이뉴스〉와의 대화에서 DJ에 대한 뿌리깊은 반감을 여지없이 드러냈다. 이쯤 되면 MB 정권의 발언인지 참여정부의 발언인지 구분이 안 될 정도다.

"김대중 정부와 미국과의 관계는 최악이었다. 미국의 김대중에 대한 불신은 극에

달해 있었다. 그러나 이번 방미(노무현 대통령의 방미를 의미함-저자)로 그것이

정상화됐다. 미국은 대북송금 사실을 파악하고 김대중 정부에 '그런 일이 있느냐'고

물었으나 김대중 정부는 '그런 일 없다'고 대답해 불신은 최고조에 이르렀다."[184]

DJ정부 말기 한미 관계가 악화된 것은 전쟁광 네오콘들의 일방주의 외교에 뇌동하며 전 세계를 전쟁의 공포로 몰아넣었던 미 대통령 부시 때문이지, 그게 어떻게 DJ 탓인가? 저 노무현 대통령의 핵심 측근이라는 사람은 미국인 입장에서 얘기하고 있는 거다. 계속 보자.

북한에는 당당하게 : 이번 방미는 또 그동안 비정상적이었던 남북관계를 정상화시키는

사용하는 회사의 개성공단 투자를 제한함으로써 개성공단 프로젝트 차단을 협박했다. 그러나 2002년 8월 한국 대통령 김대중은, 미 대통령 부시에게 남북철도 연결 반대를 철회해 줄 것을 호소했다. 그리고 9월 12일 (한미 간) 격렬한 외교적 분투 끝에, 펜타곤(미 국방부)은 마지못해 (DMZ의) 지뢰제거를 승인했다.

184) 2003/12/26 [오마이뉴스] 껍데기 자주파, 이름만 화려한 개혁파.

계기가 됐다. 김대중 정부가 북한과의 관계를 잘못 설정해 놓았다. 회담 때에도 북한은 거의 명령수준으로 말하곤 했다. 또 민족공조 차원에서 접근하기 보다는 비지니스 차원에서, 거래차원에서 접근을 했다.

북한의 공장 가동률이 22%에 불과하다. 배급체계가 무너지고 있다. 배급체계의 존재 여부는 사회주의 지속성의 판단 기준인데, 이 점에서 북한 사회주의는 큰 변화가 일고 있다. 북한에도 강온파의 의견대립이 상당히 심하다. **김정일이 이들을 일사분란하게 통제하지 못하고 있다는 징조가 나타나고 있다.**

북한에게 긴요한 것은 쌀보다는 비료다. 비료 포함한 경협은 예정대로 할 것이다. 그러나 기본적으로 당근과 채찍을 병행할 것이다. **이번 방미 이전에 북한은 우리가 김대중 정부하고 다르다는 것을 알아차렸을 것이다. 지난 4월 말 장관급회담에서도 우리는 그런 모습을 보였다.**[185]

보라. 위 발언은 MB 정권, 박근혜 정권과 한 치도 다를 바 없이 '냉전적'이며 '대결적'이며 '상호주의적'이다. 그들은 "김대중 정부가 북한과의 관계를 잘못 설정해 놓았다"며 사실상 햇볕정책을 부정하고 있다. 이게 친노 세력의 본질이다. 대북 송금특검 공포 하루 전날인 2003년 3월 14일, 당시 문재인 민정수석은 "김대중 전 대통령도 (처벌) 대상에 포함되는 겁니까"라고 묻는 기자의 질문에 "지난 번 김 전 대통령의 발표를 그대로 믿는다면 그 부분까지는 관여하지 않았으리라고 믿고 싶습니다.....하지만 유감스럽게도 관여한 바

185) 2003/05/27 [오마이뉴스] 철도 연결된다는데 위기 왜 계속되나

있는 것으로 드러난다면 그에 대한 책임은 져야죠"라고 남 얘기하듯 대답하여 양심적 민주개혁 세력을 경악시켰다.[186] 이런 사람이 틈만 나면 호남에 가서 표를 구걸한다.

문재인 대표는 2015년 2월 전당대회를 앞둔 토론회에서도 참여정부가 저지른 대북 송금특검에 대해 전혀 반성하는 빛이 없이, "김 전 대통령은 노무현 전 대통령이 서거할 때 '내 몸의 절반이 무너지는 느낌'이라고 했다. 김 전 대통령은 결국 다 이해했다"며 동문서답, 횡설수설로 일관했다.[187] DJ가 "내 몸의 절반이 무너지는 느낌"이라고 말한 것은 고인故人에 대한 추모 발언이지, 그걸 어떻게 "대북 송금특검 이해"로 견강부회 하는가? YS가 사경을 헤매는 DJ를 찾아가 "화해했다"고 혹세무민하더니, 문재인 대표는 DJ가 선의로 한 추모 발언을 "특검 양해"로 혹세무민했다.

이처럼 ▲DJ와 호남에 대한 뿌리 깊은 정서적 반감 ▲대북 송금특검으로 햇볕정책 파기 ▲YS식 냉전적 상호주의 부활 ▲한미일 3각 동맹 올인이 참여정부 '외교안보의 기본 노선'이었다. 위 인터뷰에서 알 수 있듯, 본인들 스스로도 "우리는 김대중 정부하고 다르다"고 주장하고 있다. 심지어 "김정일 정권이 흔들린다는 징조가 있다"며 YS정권의 '북한 붕괴론'을 그대로 수용하는 듯한 태도를 보이고 있는데, 아연할 지경이다.

---

186) 2003/04 [신동아 523호] "특검 결과 불법 드러나면 DJ도 책임져야" 노무현의 '칼'문재인 민정수석
187) 2015/01/19 [한국일보] 문재인-박지원, 서로 거짓말쟁이 공격

참여정부가 정말 나쁜 건, 입으로는 햇볕정책을 계승했다고 주장하면서 실제로는 YS의 외교안보정책(남북관계에 있어서 냉전적 상호주의+한미일 3각 동맹)을 계승하였기 때문에, 사정을 잘 모르는 일반 국민들로 하여금 참여정부의 남북관계 개선 실패가 '햇볕정책 때문'이라고 인식하게 했다는 점이다. 이게 친노 정치의 결정적인 폐해다. 친노들은 늘 이렇다. 그들은 늘 개혁을 참칭하면서, 결과적으로 늘 한나라당과 대연정을 통해 수구 보수정책을 입법화한다. 무능하든 의도적이든, 늘 그렇다. 그래서 참여정부가 참담하게 실패한 것이다. 친노가 무슨 선거를 치러도 판판이 깨지는 데에는 다 그만한 이유가 있는 것이다.

참여정부 출범 당시는 북한의 NPT탈퇴와 부시의 이라크 침략으로 국제 정세가 일촉즉발로 치닫던 상태였다. 따라서 고도의 외교안보 전략을 가진 세력이 집권해도 그 위기를 돌파한다는 것이 쉽지 않은 상태였는데, 이 상황에서 국가 운영을 위한 준비가 전혀 안 된 친노 세력이 덜컥 정권을 잡았고, 이들이 외교 전략에 철학이 있을 리 없고, 따라서 그때그때 외교국방 관료에 의지하며 미봉으로 일관했는데, 그 과정에서 뿌리 깊은 영남패권주의가 결합하여 'DJ 때리기'를 하며 미국과 영남에 환심을 얻고자 했으나, 어느 쪽으로부터도 신뢰를 얻지 못하고 몰락한 것이다.

냉전적 한미일 3각 동맹의 부활

위 기사에서 확인할 수 있듯 친노 세력의 눈엔 김대중 정부의 한미 관계는 최악이었다. 이처럼 DJ를 바라보는 친노들의 시각은 MB와 하나도 다르지 않다. 그리고선 DJ가 망친(?) 한미 관계를 본인들이 복원했다고 자화자찬한다. 그들이 2003년 5월 노무현 대통령의 미국방문을 통해 복원했다고 자화자찬한 한미동맹의 내용은 ▲한미동맹 현대화 협력(이는 한국을 누란의 위기로 빠뜨릴 GPR/YRP 수용, 주한미군 전략적 유연성 수용 등 한미동맹 재조정을 의미한다) ▲미국의 대북 선제공격 카드 포기 불가 ▲미국은 북핵문제에 대해 '추가적 조치'를 취할 수 있음(이 추가적 조치가 무엇인가에 대한 논란이 많았는데, 언론에 주로 거론된 것은 선제공격, 경제봉쇄, 해상봉쇄 등이다) ▲이라크 파병 합의 ▲남북교류와 북한 핵문제를 상호 연계시킴으로써, DJ 정부에서 추구했던 '정경분리'의 원칙을 폐기하고 YS의 '냉전적 상호주의'로 복귀 ▲북핵 문제와 남북교류 문제는 한미일과 긴밀히 협의하기로 합의(쉽게 말해서 미국과 일본이 반대하면 남북 교류 안 하겠다는 얘기다) 등이다.[188]

이처럼 2002년 DJ-부시 공동성명과는 비교할 수 없는 굴욕 문서에 합의를 해놓고, 한미동맹을 복원하고 '실용주의 외교'를 했다고 자화자찬 한 사람들이 친노들이다. 만약 MB나 박근혜가 저런 합의를 하고 왔어봐라. 그것도 실용주의라고 했을 것인가?

진짜 실용주의 외교를 했다면, 내가 10개 주면 저쪽으로부터 최소한 하나는 받아와야 하는데, 저렇게 퍼주고도 남북관계는 오히려 한미일 3각 동맹과 연계함으로써 내정간섭의 공간만 열었고, DJ 정권의 '정경분리 원칙'은 YS의

---

188) 2003/05/15 [이데일리] 한미 정상회담 공동성명

'냉전적 상호주의'로 후퇴시키고 왔다. 또한 북한 핵문제 해결을 위한 6자 회담에 반대하는 미국의 입장도 전혀 설득하지 못했다. 그리고 엉뚱하게 이라크 파병에도 합의했고, GPR/YRP, 주한미군 전략적 유연성 등 이른바 '한미동맹 재조정'에도 아낌없이 합의했다. 미국으로부터 얻어 온 건 하나도 없었다. 이게 참여정부였다.

참여정부 초대 외교부 장관의 발언은 反DJ의 절정에 이른다. 박근혜 정부의 외교부 장관 윤병세조차도 이 정도는 아니다.

이 자리에서 참여정부의 윤 장관(윤영관 장관을 뜻한다–저자)은 **김대중 정부 때의 한미관계를 비판하면서 북핵문제 해결을 위해 한미동맹, 더 나아가 한-미-일 삼각동맹의 중요성을 거듭 강조했다.** 이 자리에서 **윤 장관은 김대중 정권 시대의 한미관계를 '혹평'이라고 할 정도로 강하게 비판했다**...(중략) "지난 정부(김대중 정부)는 명목상으로는 동맹인데 동맹관계가 긴밀하게 서로 의사소통이 되거나 정책조율이 되지 못했고 삐그덕거리고 따로 노는 경우도 있었다"고 평가했다.

그 전까지만 해도 미국이 새로운 지도자로 등장한 노무현이라는 사람이 어떤 사람인지 대단히 의혹과 의심어린 눈초리로 바라봤던 것이 사실이다. 결국은 **우리 정부가 그런 결정을 내리고(이라크 파병을 의미–저자) 한미관계를 재조정 해야겠다는 강한 의지를 표현하면서부터 안정 국면으로 진입**했고 그런 메시지가 미국에 전달됨으로 인해 한미관계가 복원되기 시작했다고 본다 … (중략) 이라크 파병 결정 이후에 한미간의

의혹이 해소되고 상호간에 신뢰 관계가 다시 회복되는 단계로 접어들었다.[189]

이게 친노 세력들의 외교안보적 인식이다. ▲냉전적 한미일 3각 동맹 부활 ▲한미동맹 재조정을 빙자한 단군 이래 최대 퍼주기(GPR에 따른 YRP/LPP 수용, 주한미군 전략적 유연성 수용, 주한미군 MD수용, 제주 해군기지 건설 확정) ▲이라크 파병이, 집권 1년차 참여정부 외교안보의 기본 방향이었다. 이러한 냉전적 인식은 YS, MB, 박근혜 정권과 견주어도 손색(?)이 없다.

노무현 대통령의 "반미면 어떻느냐" 발언 비용 약 7,000억원

참여정부 초대 외교부 장관 윤영관은 위 인터뷰에서 "이라크 파병 결정으로 미국이 노무현 대통령에 대한 의혹을 풀었다"고 밝혔다. 미국이 노무현 대통령을 의심했다는 건 그의 "반미면 어떻느냐"고 했던 이른바 '자주성 발언'이다. 이 발언으로 미국은 노무현 대통령을 반미주의자로 오해했고, 혹시 한국에 반미 정권이 들어서면 미국의 동북아 전략에 커다란 차질이 생길 수 있으므로 바짝 긴장했는데, 노무현 정부의 '이라크 파병 결정'으로 그런 오해를 풀었다는 것이다.

그렇다면 이라크 파병비용으로 국민 세금이 얼마나 들었을까? 이라크 재건지원비 2억 6천만 달러 + 한국군 파병 비용(최소 연간 2억 달러) + 이라크 채권 2억 달러 탕감 등, 최소 총 6.6억 달러의 세금이 들어갔다. 윤 전 장관

---

189) 2003/06/04 [오마이뉴스] "DJ정부 때 한미동맹 문제 많았다. 미, '파병'으로 노무현에 의심 풀어"

말대로 이라크 파병으로 미국이 노무현 대통령에 대한 의심을 풀었다면, 참여정부는 "반미면 어떻느냐"며 국내 정치용으로 던진 말을 주워 담기 위해 국민 혈세 7,000억 원 이상을 쏟아부은 셈이다. 북한에 고작 1억 달러주었다고 특검으로 까발린 세력이 이라크 파병에만 6.6억 달러를 퍼준 것이다.

한국 외교에서 '한미동맹'은 운명과도 같다. 그 어느 정권도 반미 정권은 성공할 수 없다. 그러나 정권마다 '한미동맹'의 내용은 천차만별이다. 군사정권은 한미동맹을 빙자하여 미국이 10을 요구하면 15를 주었지만, DJ는 미국이 10을 요구하면 8~9개를 주되 1~2개는 받아냈다. 특히 DJ는 민족의 생존이 걸린 문제에 대해서는 미국에 분명하게 'No'라고 했는데, 부시의 MD요구를 거절한 게 그 적례이다.[190] 또한 부시의 대북 정책인 '레짐 체인지' 정책을 거부하고 햇볕정책을 고수한 DJ가 친노 세력들의 눈에는 한미동맹 위기로 보였을 것이다. 그리고 친노들은 미국이 10개를 요구하면, 국내 지지자들을 상대로는 "반미면 어떻느냐"고 선동질 해놓고 정작 협상장에서는 20개씩 퍼주었다. 한미 FTA협상, 전략적 유연성 협상, 주한미군기지 이전 협상, 주한미군 기지 환경오염 치유비용 협상 등에서 그랬다.

참여정부 당시 숭미파를 대변하던 위성락 당시 외교통상부 북미국장은 2003년 11월12일 사석에서 "미국 협상 파트너들만 만나면 고분고분하면서 빌어서 해결하려 하고, 안에 와서는 민족자주를 대변하는 사람처럼 떠들고

---

190) 2012/03/03 [프레시안] 한반도와 MD, 그 기구한 악연에 관하여
　　[정욱식의 '핵과 인간'] 제주 해군기지 논란의 또 다른 측면

다니는 사람도 있다"고 발언하여, 친노 자주파(?)에게 직격탄을 날렸다.[191] 국내 언론을 상대로 자주파이니 어쩌니 온갖 폼이라는 폼은 다 잡으면서 '진보 장사'를 해놓고,[192] 정작 협상장에서 하는 짓은 숭미파 위성락이 보기에도 한심한 수준이었다는 것이다. 이게 참여정부다.[193]

친노, 2006년 DJ 방북 반대

2006년 7월, 북한은 DJ 정권이 햇볕정책 동안 동결한 미사일을 쏘아 올리면서 남북관계가 일촉즉발의 위기에 빠지자 한국의 많은 전문가들은 'DJ 활용론'을 제기하였다. DJ를 방북시켜 경색 국면을 돌파하자는 것이었다. 그러나 당시 친노 통일부 장관은 "현 시점에서 DJ 방북은 의문이다"며 방북을 반대했다.[194] 또 다른 친노 고위급 관리들 입에서는 "DJ가 방북해 통일방안 논의 등 쓸 데 없는 짓이나 하지 말라"는 뉘앙스의 발언이 쏟아져 나왔다.[195] 무능력하면서 질투심에 눈이 먼 친노들에게 둘러싸여 민족의 소중한 자산인 DJ를 단 한 차례도 활용하지 못했다. 김대중 전 대통령이 남긴 일기를 보자.

··· 내가 1971년 대선 이래 주장한 한반도 4대국 평화보장이 가시화되었다. 그리고

---

191) 2003/11/26 [한겨레21] 외교·안보, 심기 불편하시네
　　　2004/01/15 [오마이뉴스] 윤영관 장관의 '항명 사표'에 청와대 '전격 경질'
192) 2003/12/26 [오마이뉴스] 껍데기 자주파, 이름만 화려한 개혁파
193) 자세한 내용은 내 블로그 국제정치, 남북관계 카테고리의 "참여정부의 호구 외교" 글을 참고하시라.
194) 2006/07/20 [오마이뉴스] 이종석 "현 시점에서 DJ 방북에 의문"
195) 2006/07/24 [오마이뉴스] 결국 유일한 패배자는 노무현 정부. 대북정책 94년 'YS 모델' 따라가나?

1994년 미국 내셔널프레스 클럽 연설에서 주장하고 대통령 재임 중 미국 정부 당국자에게 거듭 주장해 온 북미 간의 직접 대화와 주고받는 협상이 큰 결실을 맺은 것이다. **이와 관련해 2006년 북한 핵실험 당시 노무현 대통령 이하 여야 모두 절망과 대북 일전 불사의 강경 분위기에 휩싸여 있을 때 내가 홀로 직접 대화와 주고받기 협상으로 경색된 국면을 타개하라고 국내외의 언론 인터뷰와 강연에서 주장하던 일이 감회 깊게 회상된다.** 부시는 결국 나와 클린턴이 주장하던 노선에서 결실을 얻었다(2008년 6월 27일 김대중 일기).[196]

2. 민주당 분당

광해군과 노무현 대통령의 차이는, 광해군은 한국 최고의 외교안보 전문가였고 노무현 대통령은 외교안보에 무지했다는 점이다. 공통점도 있다. 광해군과 노무현 대통령 모두 소수 세력으로 천신만고 끝에 집권했으나 소수 여당을 분당하여 몰락을 자초했다는 점이다.

광해군이 잘못한 것은 간신 이이첨을 등용하여 자기 세력을 다 적으로 만들고 분당을 감행했다는 점이다. 광해군은 서인, 남인은 물론, 같은 당이었던 소북당, 중북당과도 척을 졌다. 별 것 아닌 일로 자신의 정치적 기반을 계속 갉아먹었다. 4색 당파 중 가장 세력이 작았던 북인당은 저렇게 수없이 갈라졌다. 친노 세력이 국민참여당, 의정연, 광장 등 이름도 기억 못할 정도로 분열한 것과 마찬가지였다. 한화갑은 친노 세력의 이 같은 정치 행태를 두고

---

196) 김택근著, 새벽 김대중 평전(경기 파주, 사계절, 2012), p391.

'폴리티컬 나노 테크놀로지(political nano-technology)'라고 일갈한 바 있다.

    소수여당의 분당分黨은 정치적 기반을 와해시켜 몰락을 초래한다. 광해군 정권, 제2공화국 민주당 정권, DJ 정권, 노무현 정권은 모두 소수당으로 천신만고 끝에 집권했다. 분당을 감행했던 광해군, 제2공화국 민주당,[197] 열린우리당은 예외없이 정치적으로 무너졌다.[198] 노무현 대통령은 민주당의 공천을 받아 대통령이 됐으나, 민주당을 분당하고 한나라당과 대연정을 시도하면서 자기 세력을 적으로 만드는 정치적 자살행위를 감행했다. DJ는 달랐다. 그역시 소수 정권이었지만 이인제, 김중권을 끌어들여 외연을 확대해갔다. 그래서 DJ를 두고 정치 9단이라고 하는 것이다. 정치적 기반이 없으면 아무 것도 할 수 없는 것이 바로 정치라는 것을 역사가 실증하고 있다.

    친노 세력의 민주당 분당으로 지지자와 호남이 받은 상처는 이루 말할 수 없다. 깨고 싶다면 한나라당을 깨야지 왜 민주당을 깨나? 민주당은 ▲역사상 최초의 수평적 정권 교체 ▲역사에 빛나는 남북정상회담 및 남북화해 협력 ▲전쟁광 네오콘의 방해를 뚫고 남북철도 연결 사업 진행 ▲IMF 빚 청산 및 외환위기 극복

---

197) 4.19 혁명으로 천신만고 끝에 정권을 잡은 2공화국 민주당 총리 장면張勉은 정치력을 발휘하지 못하고, 민주당 내 구파를 배제한 채 자파인 신파 일색으로 내각을 구성했다. 이에 반발한 같은 당 김도연 등 구파 세력은 '구파 동지회'를 결성하고 끝내 민주당을 탈당하여 신민당을 창당, 야당을 선언했다. 이렇게 분열한 소수 여당인 2공화국 민주당 정권은 9개월 만에 무너졌다.

198) 참여정부 역시 소수 여당을 분당하였고, 그 결과 같은 당 박상천은 야당을 선언했다. 민주당의 분당과 박상천의 야당 선언은 제2공화국의 재판再版이었다. 그 결과 열린우리당도, 노무현 대통령 본인도 몰락했다. 이처럼 '소수 정권=소수 여당'의 분당이 갖는 정치적 함의는 '정치적 죽음'을 뜻한다. '정치 공학적'으로 절대 선택해서는 안되는 노선이었다. 민주당 분당을 주도한 세력들은 역사도 정치도 몰랐다.

▲국가인권위원회 설치 ▲민주노총, 전교조 합법화 ▲국민기초생활보장법 제정 ▲4대 보험(국민연금, 건강보험, 고용보험, 산재보험) 완성 ▲의약분업 실현 ▲초고속 인터넷망 설치 및 IT산업 육성 ▲전자정부 완성 ▲최초의 사회적 타협기구인 노사정위원회 출범 ▲의문사 진상규명 특별법 및 제주 4.3항쟁 진상 규명 특별법 제정 ▲민화협 신설 ▲정권 재창출이라는 찬란한 업적을 남겼다.

친노 세력은 민주당 분당의 명분으로 '지역구도 해소 및 정당 개혁'을 내세웠지만, 그들의 의식의 저변에 잠재돼 있는 '영남패권성의 발현'으로 보는 것이 솔직하다.

문재인 전 민정수석은 2006년 5월 15일 참여정부를 '부산 정권'이라고 칭하고, 노무현 대통령은 열린우리당과 민주당 통합도 반대한다고 밝혀 지지자를 경악하게 하였다.[199] 5.18 광주민주화 기념일을 3일 앞둔 시점이었고, 지방선거를 코앞에 두고 한 발언이었다. 친노 세력의 사고방식이 이렇다. 호남이 아무리 90% 이상을 몰아주어도 친노의 사고방식에는 영남 정권이지, 호남 정권이 아니었다. "호남이 나 좋아서 찍었나, 이회창 싫어서 찍었지"라는 발언 자체가 이미 호남 유권자의 가슴에 대못을 박은 것이고 호남 유권자를 조롱하는 것이었다. 친노가 뭘 해도 국민의 신뢰를 얻지 못하는 데에는 다 그럴만한 전사前史가 있는 법이다.

---

199) 2006/05/16 [문화일보] 문재인 '부산정권' 발언 파문

3. 한나라당과 대연정 제안

한나라당과 대연정 제안은 참여정부를 탄생시킨 양심적 민주개혁 세력과 호남에 대한 능멸이자, 제2의 3당 야합이었다. YS는 몰래하고, 참여정부는 공개적으로 제안한 차이가 있을 뿐, 본질은 똑같다.

앞서도 언급했듯이 참여정부는 모든 정책면에서 '4대강' 하나를 제외하고는 사실상 한나라당 정권이나 다름없었다. 참여정부가 시도한 한나라당과의 대연정이 한나라당의 거부로 성사되지는 않았지만, 내용적인 면에서 참여정부와 한나라당은 집권 5년 내내 대연정을 하였다. 앞서 언급한 모든 수구 보수정책들이 당시 제1 야당이었던 한나라당의 협조가 없었으면 불가능했던 것들이기 때문이다. 한나라당은 참여정부의 수구 보수정책에 반대할 이유가 없었다. 진보를 표방하면서도, 감히 자신들도 건드리기 곤란한 일들을 서슴없이 해치우는 참여정부를 희한한(?) 집단이라고 생각하면서도, 내심으로는 고마웠을 것이다.

단언컨대, 참여정부가 단 5년 만에 제도화한 수구 보수정책(제1장 제1절 참조)들은, 한나라당이 20년은 집권해야 가능한 일들이었다. 양심적 민주개혁 세력과 호남은 죽 쑤어 개 준 꼴이다.

4. 친노, 2007년 대선에서 정동영 대신 MB지지를 사실상 묵인

친노 세력들이 2007년 대선에서 자당의 대선 후보 정동영을 지지했는지조차 의심스럽다. 난 2007년 대선에서 친노들은 절대 자당 후보인 정동영을 찍지 않았다고 확신한다. 친노는 기권했거나, 문국현, 이회창, MB를 찍었을 것이다.

아래 표를 분석해 보자. 1997년 김대중 후보, 2002년 노무현 후보, 2007년 정동영 후보가 PK와 TK지역에서 얻은 득표율이다.

	PK(부산+울산+경남)	TK(대구+경북)
1997년 김대중 득표율	14.27% (유효투표 4,086,183 중 583,031득표)	13.14% (유효투표 2,868,696중 376,979 득표)
2002년 노무현 득표율	29.93% (유효투표 4,080,159 중 1,221,172 득표)	20.25% (유효투표 2,726,847 중 552,103 득표)
2007년 정동영 득표율	13.04% (유효투표 3,811,168 중 496,907 득표)	6.43% (유효투표 2,688,150 중 172,754 득표)

* 자료 : 중앙선관위 홈페이지 자료를 토대로 만든 것이다.

우리 모두 알고 있듯 친노 세력의 본거지는 PK와 TK지역이다. 물론 PK가 핵심 본거지다. 정동영 후보가 2007년 대선에서 PK와 TK에서 얻은 득표율은 2002년 노무현 후보의 그것에 비해 현저하게 못미쳤다. 그러나 이를 근거로 친노 세력들이 정동영을 지지하지 않았다고 추론하기는 어렵다. TK는 논외로 해도, PK는 노무현 후보의 고향이기 때문에 노무현 후보가 득표력이 월등하게 높을 수밖에 없기 때문이다.

그러나 2007년 정동영의 PK, TK 득표율은 1997년 김대중의 PK, TK 득표율보다도 낮다. 우선 친노 세력의 본거지인 PK지역부터 보자. 2007년 대선에서 영남 친노들이 정동영을 찍었다면, 정동영은 PK에서 노무현이 득표한 29.93%는 얻지 못해도 최소한 DJ가 97년 얻은 14.27%는 넘어야 맞다. 그런데 정동영은 13.04%에 그쳤다. 정치권에서는 부산경남에 거주하는 호남 출신 출향인을 약 15% 정도로 보고 있다. DJ는 그 호남 출신들의 지지를 거의 흡수했고(14.27%), 정동영은 호남표조차 온전히 흡수하지 못한 것이다(13.04%).

다음 TK지역이다. 2007년 대선에서 영남 친노들이 정동영을 찍었다면, 정동영이 TK에서 노무현이 득표한 20.25%는 얻지 못해도 최소한 DJ가 97년 얻은 13.14%는 넘어야 맞다. 그러나 결과는 참담했다. 정동영의 TK 득표율은(6.43%), DJ의 97년 TK 득표율(13.14%)의 반토막도 안됐다.

친노들이 정동영을 지지하지 않았다는 정황은 수없이 많다. 우선 노무현 대통령 자체가 정동영 후보를 지지하지 않았다. 노무현 대통령은 2006년 1월 "내가 정권을 재창출해야 할 의무가 있느냐"고 발언하여 양심적 민주개혁 세력과 호남 유권자들을 아연케 했다. 당시 기사를 보자.

> 그런데 노 대통령은 이에 대해서도 **"내가 꼭 정권을 재창출해야 될 의무가 있습니까?"**라고 반문해 깜짝 놀라게 했다는 것이다. 정권 재창출보다는 나라의 '미래 위기'를 준비하는 것이 더 중요하고, **설령 정권 재창출을 하지 못하고**

한나라당이 집권하더라도 대한민국이 망하지 않는다는 취지였다.[200]

이게 끝이 아니다. 2007년 2월 17일 노무현 대통령은 청와대 브리핑에 "대한민국 진보, 달라져야 합니다"라는 제목의 글을 올려 다음과 같이 주장했다.[201]

> 저 때문에 진보진영이 다음 정권을 놓치게 되었다고 말하는 사람들도 있습니다 ······ **저는 다음정권까지 책임지겠다고 약속한 일도 없습니다.** 저 또한 대세를 잡고 있지 못한 지금의 상황을 안타깝게 생각하고, 미안한 마음을 가지고 있습니다. 그러나 다음 선거에서 민주 혹은 진보진영이 성공하고 안 하고는 스스로의 문제이고, 국민의 선택에 달려 있습니다. 저에게 다음 정권에 대한 책임까지 지우는 것은 사리에 맞지 않습니다.

정권의 가장 중요한 개혁인 '정권 재창출'을 정면으로 거부한 것이다. 누가 이런 정치집단에게 표를 주겠는가? 이처럼 참여정부는 정권 재창출에 무관심을 넘어, 포기의사를 명백하게 했다. 참으로 이해할 수 없는 정권이었다. 평생을 反DJ 활동에 매진했던 유시민 전 장관은 노무현 대통령의 의중을 읽고 2007년 2월 20일 '한나라당 집권 가능성 99%'라고 초를 쳤다.[202][203] 유시

---

200) 2006/01/18 [오마이뉴스] "내가 정권을 재창출해야 될 의무가 있습니까?"
201) 2007/02/17 [오마이뉴스] "나 때문에 다음 정권 놓친다니?"
  노 대통령 '대한민국 진보 달라져야' 주장
  2007/02/17 [한겨레] 노대통령 "대한민국 진보 달라져야"
202) 2007/02/20 [프레시안] 유시민 장관 정치발언 "한나라당 집권가능성 99%"
203) 2007/09/06 [오마이뉴스] 이제 유시민 후보 지지를 접습니다.

민 장관의 발언에 대해 당시 집권당인 열린우리당은 물론 재야에서도 비판의 십자포화가 쏟아졌다.[204]

세상에 영원한 비밀은 없다. 노무현 대통이 정동영 후보를 어떻게 대했는지 2015년 7월 박영선 의원이 출간한 〈누가 지도자인가?〉를 보자.

> 2007년 경선에선 후보로 확정된 10월 14일 저녁, 장충체육관에서였다. 정동영 후보는 후보확정 발표가 난 직후 장충체육관 단상 뒤에서 노무현 대통령에게 전화를 걸었다. **전화를 하던 정동영 후보의 얼굴이 순간 하얗게 변했다. 의례적으로라도 축하한다는 말을 들었을 것으로 예상했지만, 전화기 너머로 들려온 말은 쌓여 있던 노여움이었다.** 줄지어 대기하고 있던 방송 인터뷰 준비를 위해 가까이에서 지켜보던 내가 싸늘한 분위기를 감지하고 묻자 정 후보는 몹시 낙담한 표정으로 "나중에 얘기합시다"라고 답했고, 그의 얼굴빛은 창백하게 변해갔다(박영선著, 누가 지도자인가 : 14인의 대통령, 꿈과 그 현실 239p, 마음의숲刊).

노무현 대통령이 정동영에게 무슨 말을 했는지 정동영의 얼굴이 하얗게 질릴 정도였다는 것이다. 심지어 박영선 의원은 참여정부 청와대가 '이회창의 당선을 막기 위해 MB를 지지했다는 정황'까지 언급하고 있다.

당시 정치권에 파다하게 퍼졌던 대로 임채진 대구고검장이 후임 검찰총장으로

---

204) 2007/02/21 [시사뉴스] 우리당, 유시민 장관 발언 강력 비판
　　 2007/02/21 [중앙일보] 홍세화 "'유시민 99% 발언' 돌출적이고 무책임"

지명되고 인사청문회를 앞두고 있던 시점에서 청와대 관계자가 나를 찾아왔다. "BBK주가 조작이 사실로 드러날 경우 누구를 대통령으로 뽑겠느냐"는 여론조사에서 이회창 후보가 1등으로 나온 결과가 나돌고 있을 때였다. 이 관계자는 나에게 여론조사 동향을 세밀하게 물으면서 "혹시 경우에 따라서 정동영 후보가 1등으로 나오는 조사도 있습니까?"라고 질문했다. **이 만남에서 청와대 관계자는 결코 흘려보낼 수 없는 말을 던졌다. "청와대는 이회창 후보가 대통령이 되는 것은 결코 볼 수가 없을 것입니다." BBK가 문제가 되어 이명박 후보가 낙마를 하고, 이회창 후보가 당선되느니 차라리 이명박 후보의 당선이 낫다는 말로 들렸다. 이런 분위기에서 임채진 검찰총장 청문회에서 삼성 떡값 검사 의혹이 제기됐으나 열린우리당과 한나라당 법사위원들의 협조적 분위기에서 진행됐다.**(박영선著, 누가 지도자인가 : 14인의 대통령, 꿈과 그 현실 240~241p, 마음의숲刊).

삼성 출신으로 참여정부 초대 정보통신부 장관을 지낸 진대제도 "이번 대선은 물론 앞으로도 상당 기간 기업경영의 성공 경험이 있는 CEO 출신이 국가 지도자가 되는 것이 시대의 흐름이며 바람직하다고 생각한다"며 MB의 손을 들어주었다.

5. 참여정부-MB의 추악한 뒷거래

2007년 대선을 앞두고 이상득-노건평 사이에 밀약이 있었다는 건 업계에선 공지의 사실이었다. 실제 대선을 앞둔 2007년 12월 6일 검찰이 BBK의 혹에 대해 '무혐의'를 발표하자, 참여정부-MB의 뒷거래 의혹은 정설로 받아들여졌다. 심지어 MB캠프에서조차 "검찰이 너무했다. 10% 정도는 우리에게 불리한 것도 나왔어야 했다"라고 농을 칠 정도로 싹쓸이 무혐의가 나왔다고 당시 시사인 Live가 보도했다.[205]

이에 대해 2007년 12월 한 친노 의원은 "노무현 대통령이 이명박 후보 측과 '더러운 거래'를 했을 가능성은 절대로 없다"고 주장했지만,[206] 친노 의원이 절대로 없다던 그 '더러운 거래'는 8년 만에 중앙일보를 통해 민낯을 드러내고 말았다. 진실은 언젠가는 드러나기 마련이다. 다만 시간이 걸릴 뿐이다. "더러운 거래는 절대 없다"던 그 친노 의원은 지금은 무슨 말을 할지 궁금하다.

이상득–노건평 이외에 다른 측근 라인의 접촉도 있었지만, 여기에서는 언론에 공개된 이상득–노건평 밀약 의혹에 대해서만 언급하겠다.

MB의 측근인 추부길 전 청와대 홍보기획비서관은 2015년 4월 27일, "형님(이상득–노건평) 라인을 통해 '노무현 정부는 BBK 수사에 개입하지 않고, 정권을 인수할 MB 측은 전직 대통령을 수사하거나 구속시키지 않는다'는 내용의 밀약이 체결됐다"고 주장했고, 이를 중앙일보가 단독 보도했다.[207] 이 기사의 핵심 부분을 발췌했다. 보자.

---

205) 2007/12/12 [사시인 Live] 노무현과 이명박 통했을까?
206) 2007/12/12 [사시인 Live] 노무현과 이명박 통했을까?
207) 2015/04/28 [중앙일보] "이상득 노건평 형님라인, 전직 대통령 수사 않기로 밀약"

추 전 비서관은 "형님 라인을 통해 '노무현 정부는 BBK 수사에 개입하지 않고, 정권을 인수할 MB 측은 전직 대통령을 수사하거나 구속시키지 않는다'는 내용의 밀약도 체결됐다"고 주장했다. 하지만 이 밀약은 이 전 대통령이 취임한 뒤 터진 광우병 쇠고기 논란에 따른 '촛불정국'을 거치면서 파기됐다고 추 전 비서관은 설명했다.

"(노건평 씨를 통해) 청와대 상황도 생중계 됐다. 당시 'BBK 수사에 관여하지 말라'는 노 전 대통령의 지시에 대해 청와대 참모들이 강력 반발했다. 이에 대해 노 전 대통령이 오히려 소리를 지르고 화를 냈다더라."

실제로 밀약은 지켜졌다. 그해 11월 16일 BBK의 김경준 대표가 미국에서 급거 귀국한 뒤 구속됐지만 MB는 무혐의 처분을 받았다. 정권이 바뀐 2008년 2월 특검의 결론도 무혐의였다.

"정권이 바뀐 뒤에도 노 전 대통령이 (노사모 회원들을 만나 BBK 등에 대해 진상을 밝힐 것이라는 소문이 나돌 당시) MB가 발언 내용을 조율해 달라고 요청해 노 측에 이를 전달했다."

(추부길 비서관은) "성완종 전 경남기업 회장 사면은 형님 라인을 통한 요청 대상이 아니었다. 다만 어떤 라인을 통해 성 전 회장의 사면 요구가 들어왔다고 해도 당시 비서실장이던 문재인 대표가 사면 과정을 몰랐다는 건 100% 거짓말"이라고 주장했다.

위 기사 내용을 보면 기가 막힌다. 노건평—이상득이 서로의 안전을 밀약한 부분은 그렇다치고, 노사모 연설 내용까지 조율하고, 대통령이 BBK수사에 관여하지 말라고 지시하면서 이에 반발하는 참모진에 대해 격노했다는 대목에서는 아연할 수밖에 없다. 심지어 노건평을 통해 당시 참여정부 청와대 상황이 MB에게 생중계 됐다는 점은 통탄하지 않을 수 없다. 이에 대해 한경오(한겨레, 경향, 오마이뉴스)는 철저한 침묵으로 일관하고 있다. 당시 비서실장이었던 문재인 대표 역시 말이 없다.

또한 2007년 12월 시사인 Live에 따르면, 참여정부 청와대의 정동영 후보에 대한 태도를 다음과 같이 언급하고 있다.[208]

> 정동영 후보의 한 측근 의원은 "청와대가 정 후보의 당선 가능성에 대해 지극히
> 비관적이었다. 'BBK를 주면 받아먹을 수 있기는 하나. 이회창이 받아먹는 것
> 아닌가'라고 말할 정도였다"라고 말했다.

요컨대 참여정부 청와대는 "BBK를 철저하게 파헤친다한들 정동영이 대선에 당선될 가능성은 없고, 그 경우 오히려 이회창에게 어부리지를 줄 수도 있으니, 차라리 MB가 되는 게 낫다"고 인식한 것이다. 이는 위에서 언급한 박영선 의원의 〈누가 지도자인가〉 내용과 일치한다.

위 사사인 Live와 중앙일보 기사로 끝이 아니다. 위키 리크스의 폭로에 의

---

208) 2007/12/12 [사시인 Live] 노무현과 이명박 통했을까?

해 당시 청와대 친노들의 입장이 고스란히 공개됐다. 위키리크스가 폭로한 2007년 10월 31일 문서의 제목은 "청와대 행정관 : 우리가 대선에서 패하겠지만 괜찮다"이다. 여기의 청와대는 참여정부의 청와대다.

> **(기밀) 청와대 두 연락선(정보원)은 노무현 정부가 정동영 대통합민주신당 후보 지원에 별로 열의가 없다고 인정하였다.** 대신에 노무현 지지자들은 무소속 문국현 후보를 위해 뛰고 있거나 유시민 전 보건복지부 장관의 2012년 선거 캠페인이 이미 시작되었다고 두 사람은 말하였다. 영남지방 노사모 조직의 회장이었던 현 청와대 행정관 김태환은 노무현 추종자들은 "모두 자기 갈 길을 갔다"며 "누구도 자발적으로 정동영 캠프에 합류하지 않았다"고 말했다. 두 사람은 야당 한나라당 후보인 이명박의 당선을 피할 수 없다고 인정했다.[209]

만약 2002년 노무현-이회창 대선이 한창 진행 중에, DJ가 이회창과 밀약을 맺고 이회창의 당선을 사실상 묵인 방조했다면 친노들이 가만히 있었겠는가? 생난리를 쳤을 것이다. 정동영-MB 간 대선전이 한창 중인 2007년 참여정부의 MB와의 밀약과 친노 세력의 문국현, 이회창, MB 지지행위는 이적행위나 다름없었다. 이게 친노의 본질이다. 이렇게 2007년 영남 친노는 정동영을 '외면'했지만, 2012년 호남은 문재인 후보에게 압도적 몰표를 주었다. 호남은 어느새 친노 세력의 '쌈짓돈'으로 전락하고 말았다.

---

209) 청와대 행정관: 우리가 대선에서 패하겠지만 괜찮다.
    http://www.wikileaks-kr.org/dokuwiki/07seoul3224

제3절. 친노 세력의 이른바 "싸가지 없는" 태도

길게 얘기 안 하겠다. 수많은 막말과 독선적 태도에 대해선 인터넷에 자료가 널렸다.

하나만 언급하겠다. 친노를 두고 '강경파'라 칭하는 경우가 하는데 이는 대단히 오해의 소지가 큰 말이다. 강경파라는 말과 좌파라는 말이 결합하여 마치 친노가 서민을 위해 대단히 '급진 개혁적 주장'을 하는 집단처럼 오해하는데 전혀 그렇지 않다.

친노가 강경하다는 것은 'of the 친노, by the 친노, for the 친노'라는 유일 이념에 맹종한다는 뜻이다. 친노가 서민, 중산층, 지식인, 호남, 자영업자, 청년 실업자, 학생, 노동자의 이익을 보호하기 위해 강경했던 게 뭐가 있나? 그들은 자신들의 '자폐적 친노 패권주의'에 강경했을 뿐이다. 친노의 정책이 개혁적이거나 서민 친화적이라는 뜻이 결코 아니다. 앞서 언급했듯이 (제1장 제1절 참조) 친노는 정책 노선과 영남패권성에서 한나라당과 다를 바 없는 수구 보수세력일 뿐이다. 친노의 수구적 정체성이 선거 패배의 '원료' 역할을 한다면, 이른바 '싸가지 없는 태도'는 '기름을 붓는 역할'을 한다.

제4절. 친노 세력의 자폐적 권력독점주의

친노의 유일 이념은 "of the 친노, by the 친노, for the 친노"

친노와 화합이 가능한가? 불가능하다. 친노에게 이념이 있다면 바로 'of the 친노, by the 친노, for the 친노' 뿐이기 때문이다. 친노에게 있어 모든 정치행위의 판단 준거는 바로 '친노 여부'이지 '국익이나 국민'은 안중에도 없다.

어떤 정치적 상황이 와도 박정희가 총통이 되듯, 박정희에 반대하면 빨갱이이듯, 어떤 정치 상황이 와도 친노가 총통을 해야 하고, 친노에 반대하면 분열세력이고 한나라당 첩자라는 것이 친노들 주장이다. 이 얼마나 '싸가지 없고' 기가 막힌 주장인가. 정작 한나라당과 대연정하면서 모든 수구 보수정책을 제도화한 한나라당 푸락치에 불과한 세력은 친노 본인들인 데도 말이다.

지금 새민련에 돈을 대는 권리당원의 56%가 호남지경 거주다이다. 호남 출신 수도권 거주 권리당원까지 합하면 새민련 권리당원은 사실상 호남 출신들이 70%가 훨씬 넘는다. 이처럼 돈은 호남에서 대고 권한은 영남 친노들이 누리는 것이다.

친노가 이처럼 책임정치를 송두리째 외면하고 각종 희한한(?) 정치 기교와 간책을 통해 당권 장악에 혈안이 된 이유가 무엇일까? 바로 엄청난 돈과 권력 때문이다. 야당 대표의 권력은 엄청나다. 연간 수백억 원의 국고보조금이 나오고,[210] 공천권을 행사할 수 있다. 그 맛을 잊을 수 없는 것이다. 좋다. 당권은 누가 잡아도 잡아야 하니 친노도 잡을 수 있다고 치자. 지난 10년 넘은 기간 동안 친노가 당권 잡고 서민, 중산층, 지식인, 호남, 자영업자, 청년 실업자, 학생, 노동자 등 지지자를 위해 한 일이 뭐가 있는지 하나라도 있으면 말해보라. 도대체 친노가 지난 10년 간 해준 게 뭐가 있다고, 선거 때만 되면 따박따박 월세 요구하듯 표를 요구하나?

2014년 11월 13일 친노 출신 새민련 당직자가 공개 기자 회견에서 새민련 국고보조금에 대한 전면 감사를 주장한 것에서 알 수 있듯, 각 선거 때마다 여론조사, 유세차, 홍보물 작성, 화환 등을 조달하는 업체가 다 친노들과 깊은 관련이 있다. 친노들은 정치판의 거대 특권 군집을 형성하고 있고 이 특권이 깨지는 게 두려운 것이다.

그들이 지난 10년 간 당권 잡고 한 일은 오직 친노와 아전 486들끼리 권한과 자리를 나누는 일 뿐이었다. 그 정점에 이른 것이 바로 2012년 총선에서 친노 한명숙 대표의 친노 공천이었다. 그 결과 200석도 넘길 수 있다던 총선을 말아먹었다. 친노의 유일 이념인 'of the 친노, by the 친노, for the 친노'를 작동하게 하는 도구가 바로 국민참여를 빙자한 여론조사, 모바일 투표다.[211]

---

210) 지난 2001년부터 지난해까지 각 정당에 지급된 국고보조금은 총 6,440억 원이었다.
　　 2014/11/13 [오마이뉴스] "정당 국고보조금은 당권파의 쌈짓돈"
211) 2012/10/04 [뉴시스] 檢, 양경숙 '모바일 선거인단 불법지원' 수사 착수

친노 패권주의의 상징 조작 도구 – 직접 민주주의(모바일과 여론조사)

참여정치를 표방한 직접 민주주의적 제도(국민투표, 모바일 투표, 각종 여론조사 등 국민참여)의 헌법적 문제점과 실제 정치 현장에서는 이게 얼마나 어처구니없이 작동하는지에 대해서는 내 블로그에 수많은 글이 있으니 참고하기 바란다. 지면 관계상 최소한의 핵심만 언급하겠다.

'직접 민주주의'는 민주주의와 아무 관련 없는 제도이다. 오히려 민주주의를 파괴하는 가장 폭력적인 제도가 바로 '직접 민주주의'이다.

왜 세계 최고의 민주주의 모범 국가 독일이 '직접 민주주의와 여론조사'를 철저하게 배격하고 '순수 대의제(간접 민주주의)'를 규정한 Bonn기본법(독일 헌법을 지칭한다)을 채택하고 있겠는가? 히틀러가 바이마르 헌법처럼 세계 최고의 헌법을 갖고도 극단적인 직접 민주주의를 선동한 결과 어중이떠중이 대중 참여로 광기 사회를 만들었다는 반성 때문에, 독일은 2차 대전 후 Bonn 기본법에 '직접 민주주의적 요소'를 철저하게 배격하고 순수 대의제를 채택하고 있는 것이다. 심지어 오늘날 독일은 직접 민주주의적 요소의 극단적 형태인 '여론조사'도 터부시한다.[212] 어중이떠중이를 상대로 한 즉자적이고 충동적인 여론조사보다는 국민에 의해 선출되고 대표되어 책임감을 가진 전문가들이 상호 토론과 합의의 과정을 거쳐 만든 '공화적 결과물'이 더 낫더라는 역사적, 경험적 판단 때문이다. 국민의 뜻을 외면하는 정당은 망하지만, 하루에

---

212) 허영 著, 한국헌법론 전정 5판(서울, 박영사 刊, 2009), p665.

도 열두 번도 더 변하는 국민여론의 뒤꽁무니만 맹종하는 정당은 그 국민과 함께 망한다는 역사적 경험 때문이다.

따라서 우리나라 뿐 아니라 세계 모든 문명국가의 헌법은 통치기관 구성원리로 '대의제'를 원칙으로 하고 있고, 직접 민주주의적 요소는 '극히 예외적'으로 가미할 뿐이다.[213] 그런데 세계 그 어떤 나라도 주장하지 않는 직접 민주주의를, 기원전 그리스 도시 국가에서 잠깐 유행한 이후 그 어떤 나라도 채택하지 않는 직접 민주주의를, 오직 대한민국 친노들만이 주장하고 있다.

직접 민주주의적 제도는 국가 규모가 커지고 다양한 이해관계를 가진 집단이 존재하는 오늘날 국가에서 이해관계 조정 기능을 수행할 수 없다. 직접민주주의는 공화와 타협의 이념을 배제한 채 'O 또는 X'라는 극단적 선택을 강요하는 대단히 폭력적인 제도이다. 따라서 이 제도를 박정희, 나폴레옹, 히틀러, 나쎄르 같은 독재자들이 애용한 것은 우연이 아니다. 이처럼 직접 민주주의는 '내편 아니면 네편'만 있을 뿐이고 '밀도 있는 심의, 정치적 설득, 공화적 타협'이라는 민주주의의 이상과는 애초부터 거리가 멀다.

박정희의 유신헌법은 광범위하게 국민투표제를 채택함으로써 국가 정책결정에 국민이 직접 참여하는 직접 민주주의를 제도적으로 채택했다. 심지어

---

213) 직접민주제적 요소로 헌법교과서상 언급되는 것은 국민투표, 국민발안, 국민소환제도 등이 있는데, 우리는 이들 제도 중 '국민투표제도'만 헌법상 수용돼 있고(헌법70조, 130조2항), 지방자치법에 '주민투표제도(14조), 주민소환제도(20조)'가 규정돼 있다.

유신헌법 1조 2항은 주권의 행사방법으로 「국민은 그 대표자나 국민투표에 의하여 주권을 행사한다」고 규정하여 대의제와 직접민주제를 병행했다. 그러나 이러한 직접민주제도는 대통령의 전제적 권력행사의 합리화를 위한 도구로 악용되고 말았다는 게 헌법학자들의 압도적 견해이다.[214] 당시 김기춘 검사(박근혜 정권의 비서실장이었다)는 "유신헌법이 보다 광범위한 직접 민주제도 즉 국민투표제를 도입하고 있는 이유는 룻쏘가 말한 바와 같이, 민주정치의 이상형은 국민이 직접으로 입법 기타의 통치 작용에 참여하는 직접민주제이기 때문이다. 이 제도하에서는 국민은 단순한 관념적인 통치권의 담당자가 아니고, 현실로 통치작용을 행하기 때문에 국민에 의한 자치의 원칙이 가장 잘 실현되어진다"라고 주장하여,[215] 친노 세력의 국민 참여정치와 똑같은 논리를 주장한 바 있다.

이 직접 민주주의적 제도의 극단적 형태가 바로 '여론조사'다. 언제부터인가 우리 정치권은 무슨 일이 터질 때마다 정치 리더십을 발휘하지 못하고 밤낮 여론조사에 의존한다. 여론조사기관도 난립하는데다가, 노사모, 박사모, 미권스 등 각종 정치단체들도 난립을 하는 바람에, 아무리 전국적 단위의 여론조사라 해도 고작 몇천명 동원으로도 '여론 조작'까지 가능하게 됐다. 군 단위 여론조사에서는 몇십명 동원으로도 조작이 가능하다. 이거야말로 청산해야 할 공작정치다. 박정희 시절에는 중앙정보부가 정치공작을 했다면, 이젠 국가권력이 시장으로 넘어간 탓에 정치공작도 민영화됐을 뿐이다.

---

214) 성낙인著, 대한민국 헌법사(경기 파주, 법문사, 2012), 247p, 268p.
215) 김기춘, "유신헌법 해설", 검찰 1972년 제4집 통권 제48호, 대검찰청, 1972, p51.

앞서도 지적했듯 친노들은 '사람사는 세상'을 외치지만 정체성에서 이명박 근혜와 한치의 차이도 없이 수구 보수적이다. 그러나 그들은 필요에 따라 이 명박근혜에 대한 즉자적인 원한 감정을 동원하면서, '30년 전 민주화 운동'과 '학생회장' 팔아 진보장사하면서, 그렇게 이명박근혜와 적대적 공존하면서, 직접 민주주의와 국민 참여를 주장하면서 모바일과 여론조사를 통해 정치를 자신들의 생계를 위한 비즈니스 영역으로 승화시켜(?) 버렸다.

박정희 유신과 다를 바 없는 친노 파쇼

친노들은 당 대표의 임기는 보장해줘야 한다는 희한한(?) 주장을 하고 있 다. 당 대표가 무슨 '공무원'인줄 아는가?

김한길, 안철수는 2014년 7.30 보궐선거에서 11:4로 완패하고 군소리 없이 물러났다. 당 대표 취임 5개월이 채 안됐을 때의 일이다. 이때 김한길, 안철수 가 당 대표 임기를 보장하라고 했다면 친노들이 가만히 있었겠나? 생난리를 쳤 을 것이다. 친노들이 그러니까 욕먹는 거다. 잣대가 늘 고무줄 잣대라는 거.

이 15개 지역 국회의원 보궐 선거에서 김한길과 안철수 대표는 비당권파인 친노에게 무려 7명의 공천권을 넘겼다. 그리고 친노는 서갑원(순천), 윤준호 (해운대갑), 조한기(서산), 박영순(대덕), 백혜련(수원을), 한창희(충주), 송철 호(울산)를 공천했다.[216] 그러나 친노가 공천한 이들 7명은 모조리 낙선했고,

---

216) 2014/08/10 [브레이크 뉴스] 친노-486이 망해먹고, 안-김이 독박쓰다!

심지어 텃밭인 전남 순천에서 친노 서갑원 후보가 새누리당 이정현 후보에게 참패하는 '파란'이 일어나기도 했다. 얼마나 친노의 패악질에 한이 맺혔으면 호남 한복판에서 새누리당 후보를 찍었겠는가? 당시 순천, 곡성 지역 유권자들에게는 새누리당 후보는 안중에도 없었다. 오직 "친노를 응징해야 한다"는 마음으로 투표했다.

난 김한길과 안철수 대표의 보수적 정체성도 친노와 한 치도 다를 바 없다고 본다. 그러나 김한길, 안철수는 책임이라도 지고 즉각 당 대표직에서 물러났다. 친노 서갑원 후보가 텃밭에서 패배한 책임을 비노인 김한길과 안철수가 진 것이다. 당 대표는 계파의 수장이 아니기 때문이다. 이게 바로 '책임정치'인 것이다. 이게 바로 정상적인 정당 정치인 것이다. 그렇게 리더십이 순환하고, 경쟁하고, 그러면서 지도자가 떠오르는 것이다. 적어도 김한길과 안철수는 책임정치에는 충실했다.

2015년 4월 29일 광주 서구을, 서울 관악을, 성남 중원, 인천 서구강화을 네 군데 지역 국회의원 재보궐 선거가 있었다. 광주는 말할 것도 없는 새민련의 '심장'과도 같은 지역이니 중언부언하지 않겠다. 서울 관악乙 지역은, 1988년 소선거구제가 도입된 이후 수도권(서울, 경기, 인천) 112개 지역구 중에서 DJ의 평민당 세력이 단 한 번도 당선을 놓친 적이 없는 서울의 '광주' 같은 지역이다. 국립 서울대학교가 자리하고 있어 진보적 젊은층이 많이 거주하고 있고, 호남 출향인이 많은 지역이기 때문이다. 성남 중원도 전통적인 야당 텃밭지역이다. 인천 서구 강화을 지역만이 새누리당 강세지역이었다.

이 선거에서 문재인 대표는 당내 반발에도 아랑곳하지 않고 친노 일색으로 공천을 했다. 특히 관악을 후보 공천은 0.6%의 차이로 갈렸는데, 여론조사가 조작되었다는 의혹까지 제기되었지만, 문재인 대표는 마이동풍이었다.[217] 그렇게 공천한 자들은 한결같이 새누리당과 정체성에서 차이가 없는 인물들이었다. 그 결과 도저히 패배할 수 없는 광주, 관악을, 성남 중원에서 패배하고 말았다. 특히 광주의 패배는 20% 이상 압도적 패배였다.

텃밭에서 참패한 무능한 당 대표는 물러나는 것이 '책임 정치'의 시작이고 그게 바로 '민주적 정당'의 모습이다. 광주, 관악, 성남 중원 패배는 새누리당으로 치면 대구, 강남, 분당에서 패배한 것이다. 그런데 텃밭 3군데에서 압도적으로 몰패하고도 친노들은 '단결'해야 한다며, 단결하지 않으면 한나라당 첩자라고 덤터기 씌우며 강짜를 부렸다. 새누리당 당 대표가 대구, 강남, 분당에서 패배하고도 단결을 주장했다면, 새누리당 당원들은 "마! 치아뿌라" 한마디로 정리했을 것이다. 그러니까 친노들이 무슨 선거를 해도 새누리당에 판판이 깨지는 것이다.

세상에 이렇게 후안무치한 '독재 파쇼 집단'은 박정희 유신 이후 처음이다. 이게 바로 친노 파쇼, 'of the 친노, by the 친노, for the 친노' 정신이다. 이런 상식 이하의 정치 행태가 지난 10년 이상 지속되다보니 국민도 이제 친노라면 아예 손사래를 치는 것이다.

---

217) 2015/07/13 [오마이뉴스] 조국 "관악을 '부정경선', '시민명부' 분실 논란 조사해야"

정치 지도자가 마땅히 책임을 져야할 국면에서 스스로 '단결', '통합'을 주장하며 셀프 재신임 하는 것은 책임정치를 외면하는 것이다. 대체 누구를 위한 단결인가? 친노의 생계 보장(차기 공천)을 위한 단결이라는 걸 전 국민이 다 알고 있다.

박정희와 다를 바 없는 친노의 재신임 쇼

"친노 파쇼는 박정희 독재와 다를 바 없다"는 내 주장에 대해 동의하지 않는 분들도 계실 것이다. 뿌리 깊은 '진영논리'에 매몰돼 그렇다고 본다. 묻겠다. 한명숙의 9억 원은 착하고, 이완구의 3,000만원만 나쁜가? 참여정부의 한미 FTA는 착하고, MB의 한미 FTA는 나쁜가? 문재인 대표의 재신임 여론조사는 착하고, 박정희의 재신임 투표는 나쁜가? 잣대는 똑같아야 한다.

앞서 지적했듯, 오늘날 모든 문명국가가 직접 민주주의를 배격하고 대의제(간접 민주주의)를 채택하는 이유는 직접 민주주의의 폭력성, 즉자성, 뇌동성, 무원칙성, 무정견성 때문이다. 정상적인 국가와 정당이라면 여론조사로 의사결정하지 말아야 한다. 그건 정치의 몰락이요, 정당의 몰락이요, 리더십의 몰락이요, 국론분열의 시작이다. 누가 그 결과에 승복할 수 있겠는가?

그런데 2015년 9월 9일 뜬금없이 문재인 당 대표는 여론조사로 당 대표직 재신임을 주장하며 '친위 쿠데타'를 선언하고 말았다. 당 대표는 '전당대회'를 통해 당원의 '직선'으로 선출해야 하는 것이지 '여론조사'로 재신임을 할 일이 아니다. 이는 1972년 10월 17일 유신을 선언하여 '대통령 직선제 폐지'를 선언한 박정희의 친위 쿠데타와 한 치도 다를 바 없는 행위였다.

그리고 문재인 대표는 친위 쿠데타의 사전 예비행위로 2015년 9월 16일 중앙위 소집을 강행하여 당을 친노당으로 개조하는 혁신안을 날치기 통과시켰다. 이승만은 한국 전쟁 와중에(1952년) 군을 동원한 친위 쿠데타를 일으켜 국회의원을 감금하고 발췌개헌안을 통과시켜 임기를 연장하는 만행을 저질렀는데, 문재인 대표는 새누리당과 '국정감사 전쟁'이 한창 중에 당을 친노당으로 개편하는 혁신안을 날치기 한 것이다. 문재인 대표가 이승만 묘에 가서 머리를 조아리더니 이승만을 따라하고 있다.

이 혁신안의 핵심은 '호남 권리당원 죽이기'에 있다. 즉 내년 총선 공천은 '일반시민 70% + 권리당원 30%'로 구성되는 선거인단에서 결정하겠다는 것이 이 혁신안의 핵심이다. 그런데 여기서 말하는 일반 시민은 '깨어있는 시민=친노'를 의미하는 것이고, 권리당원은 '호남 출신으로 새민련에 당비 납부하는 당원'을 뜻한다. 결국 호남 출신으로 당비내는 당원은 당비 따박따박 납부하면서 30%의 권한만 행사하고, 깨어 있는 영남 친노들은 당비는 안 내고 권한은 70% 행사하겠다는 것이다. 왜? "지역구도 타파하기 위해서"라는 것이다. 이게 말이 된다고 생각하는가? 친노는 10년 넘게 '지역구도 타파'를 외치며 호남 앵벌이로 호남을 능멸하고 있다.

문재인 대표의 '재신임 여론조사' 주장은 친위 쿠데타

헌법학 교과서에서 '특정 정책을 자신의 진퇴 여부와 연계하여 국민투표에 부치는 것'을 플레비지트(Plebiszit)라고 한다. 예컨대 "한미 FTA(또는 4대 강) 찬반 여부를 국민투표에 부쳐, 반대하는 국민이 많다면 대통령직을 사퇴하겠다"고 하는 식이다. 정치와 헌법 문외한들은 이러한 프레비지트가 대단히 민주적인 것으로 착각하지만, 그야 말로 착각이다. 이는 "게임기 안 사주면 자살하겠다"고 부모를 협박하는 어린아이와도 같은 짓이다. 헌법 파괴행위이며 독재자들이 늘 애용했던 방법이 바로 플레비지트다.

노무현 대통령이 2003년 10월 10일, 자신의 측근인 최도술 청와대 총무비서관의 SK자금 수수의혹과 관련하여 "수수결과가 무엇이든 이 문제를 포함하여 그동안 축적된 국민 불신에 대해 재신임을 묻겠다"고 발표한 바 있는데, 이 역시 위헌적 독재 행위이다. 노무현 대통령이 이 위기를 돌파하려면 인사쇄신을 하든지, 대북 송금특검과 부자 감세에 대해 사과하여 지지자를 복원하든지 하는 '헌법 합치적'인 방법으로 돌파해야지, "대통령의 진퇴여부를 국민투표에 부치겠다"고 하는 것은 박정희가 애용한 깡패 짓이나 다름없는 위헌 행위이다. 왜 그런지 보자.

대통령의 임기는 '헌법 사항'이다(헌법 70조). 우리 헌법은 직선에 의한 대통령제를 채택하고 있고 이의 핵심은 '절대적 임기 보장'에 있다. 노무현 후보처럼 대통령에 당선되고 돌변하여 한나라당에 투항해도, 일단 국민의 직선으로 선출된 대통령은 미우나 고우나 5년의 임기를 보장해야 하는 것이다. 헌법 70 조를 읽어보라. "대통령의 임기는 5년으로 한다"고 돼 있지, "5년으로 할 수 있 다"로 돼 있지 않다. 따라서 대통령은 제 멋대로 재신임 여부를 국민투표에 부 쳐 실패하면 그만두겠다거나, 성공하면 그때부터 다시 5년을 더 하겠다고 할 수도 없다. 그렇게 되면 헌정은 문란해지고 총칼이 등장하게 되는 것이다.

또한 한국 헌법상 대통령의 퇴진은 ▲임기 만료 ▲탄핵 ▲사망 ▲자진 사 퇴의 방법 밖에 없다. 노무현 대통령과 문재인 대표가 유신 헌법 밖에 공부를 못해서 제 멋대로 생각하는 모양인데, 대통령이라는 자리는 대통령 본인이 재신임을 국민투표에 부쳐 국민이 불신임하면 사퇴할 수 있는 자리가 아니란 말씀이다. 그건 가결이 되든 부결이 되든, 재신임 투표에 부치는 행위 자체가 이미 헌법 70조에 반하는 '위헌'이다.

저 플레비지트를 애용한 독재자들로는 박정희의 1975년 국민투표, 1802 년 나폴레옹의 국민투표, 1933년 히틀러의 국민투표, 1958년 나세르의 국민 투표 등이 있다. 박정희, 히틀러가 제 멋대로 독재했다고 착오하지 마라. 다 '국민투표' 거쳐서 했다. 친노들이 좋아하는 말로 '절차적 민주주의' 지켜서 했 다. 1975년 박정희의 플레비지트(유신헌법에 대한 찬반여부를 박정희의 진 퇴와 연계한 국민투표)는 대한민국 국민의 무려 73.1%가 찬성했다.

이처럼 독재자들이 임기 연장을 위한 친위 쿠데타 수단으로 애용한 것이 바로 재신임 국민투표, 즉 플레비지트(Plebiszit)다. 이건 국민투표라는 외피를 걸쳤지만 민주주의가 아니라 국민에 대한 협박이요 헌정 문란이다. 이런 투표는 하나마나 결과는 늘 정해져 있는 것이나 다름없다. 하물며 그것이 국민투표도 아닌 '여론조사'라면 더 말해 무엇하겠는가?

1971년 대선에서 관권 선거를 통해 가까스로 DJ를 이긴 후 1975년 유신 셀프 국민투표 재신임(플레비지트)을 통한 친위 쿠데타로 영구 집권을 기도한 박정희와, 2015. 2. 8 전당대회에서 여론조사로 가까스로 박지원을 누르고 겨우 당 대표에 당선된 후, 재보선 참패로 당 대표에서 물러나야 할 위기에 처하자 '여론조사'로 셀프 재신임하겠다는 문재인 대표가 무슨 차이가 있는가?

박정희가 정상적인 '대통령 선거'가 아닌 '유신에 대한 찬반 국민투표(Plebiszit)'로 대통령 더 해먹겠다고 한 짓이나, 문재인이 정상적인 '전당대회'가 아닌 '여론조사'로 당 대표 계속 해 먹겠다고 우기는 짓이나 한 치도 다를 바 없다.

아니, 박정희 보다도 못한 짓이다. 김민전 교수는 "당 대표가 재신임을 묻겠다는 건 세계적으로 찾아보기 어려운 사례"라고 했다.[218] 친노들은 참으로 희한한(?) 방식으로 자신의 권력욕을 위해 세계 정치사에 획을 긋고 있다. 또한 적어도 박정희는 국민의 입과 귀를 가리고 '국민투표'를 선동했을지언정, '여론조사'로 셀프 재신임하진 않았다. 적어도 박정희, 전두환은 체육관으로 모으기라도 했지, 친노들처럼 친노 상대로 전화 돌려서 여론조사로 해결하겠

---

218) 2015/09/13 [중앙Sunday] 주류　비주류 총선 전 지분 다툼 전략 '혁신'이라 쓰고 '공천'으로 읽는 격

다는 짓은 안 했다. 문재인 대표가 재신임 받아 내년 총선에서 친노 일색으로 공천하고 싶으면, 당당하게 '권리 당원 직선에 의한 전당 대회' 다시 치르고 거기에 참여해서 심판 받아야 할 일이지, 여론조사로 뭉갤 일이 아니다. 문재인 대표가 리더십을 확보하지 못하는 이유는 여론조사로 탄생한 당 대표이기 때문인데, 또 여론조사로 당 대표 재신임을 받는다 한들 리더십이 생겨날 리 없다.

박정희의 찬란한 업적인 '전국민 강제의료보험'을 계승하여 건강보험 보장성을 확대할 생각은 안 하고 한나라당과 대연정으로 영리병원 도입하여 신자유주의 야만사회를 만든 무능 친노 세력들이, 박정희의 최악의 정치 행위(유신 헌법 셀프 재신임 투표)는 그대로 따라하고 있다. 그러면서 한편으로는 쌍팔년도 '민주화운동' 팔아가며 적대적 공존하고 있다. 친노는 박정희, MB, 박근혜가 없었다면 대체 어떻게 정치했을지 의문이다.

문재인 대표는 우여곡절 끝에 재신임 여론조사 소동을 결국 거두었다. 그러나 새민련은 철저한 친노 파쇼당으로 전락했다.

무능 친노 파쇼 갈아엎어야 한다 – 특검은 불공정하다?

친노 세력의 무능은 역대 정당 사상 단연 손꼽을 정도다. 130명의 거대 의석을 갖고도 아무 것도 의제화하지 못했다. 이 얘길 하면 또 한권의 책이 필요하니, 딱 한 가지만 언급하겠다.

새민련은 지난 4월 이른바 '성완종 특검'에 반대했다.[219] 박근혜 정권의 전현직 비서실장 4인, 현직 총리 1인, 전직 한나라당 당 대표 1인, 전직 친박 실세 사무총장 2인 등, 권력의 핵심 실세들이 죄다 연루되었는데 언제부터 친노들이 대한민국 검찰을 그렇게 신뢰했다고 "검찰에 수사를 맡기자"며 여당도 하겠다는 특검 주장을 반대하는지 이해하기 어려웠다.

당시 친노들이 성완종 특검에 반대하는 이유는 '상설특검법'이 불공정하다는 이유였다. 이 상설특검법은 박영선 의원이 법사위원장 시절 주도하여 처리했기 때문에 '박영선 특검법'이라고도 하는데(정식 명칭은 '특별검사의 임명 등에 관한 법률'이다), 이게 불공정하다는 것이다. 그러나 이게 말이 안 되는 소리다. 이 특검법을 만든 게 누군가? 이 상설특검법은 새민련 법사위원장 박영선 의원 주도로 친노 전해철 의원과 박범계 의원이 만든 법이다.[220]

더 기가 막힌 건, 본인들 말마따나 이 불공정한 상설 특검을 작년에는 세월호 유족에게 강권했던 것이다. 이에 대한 새민련 지도부의 변명이 걸작이다. 새정치연합 지도부의 한 의원은 "우리도 통과시킬 땐 몰랐다"고 한 것이다.[221]

세상에 무능, 무능, 무능, 이런 무능도 없다. 작년 세월호 유족에게는 불공정한 상설 특검법을 강권하고, 성완종 사건과 관련하여 친노 의원들이 줄줄

219) 2015/04/14 [프레시안] 야당이 '성완종 특검'에 회의적인 이유는?
220) 2014/08/22 [채널A] 상설 특검법에 발목 잡힌 박영선...스스로 자초?
221) 2015/04/16 [조선일보] 상설특검법 주도한 野, 새 특별법에 의한 특검 주장

이 연루됐다는 의혹 보도가 잇따르자,[222] "상설특검법은 공정성을 담보할 수 없다"며 거부한 것이다. 이런 무능하고 오락가락하는 정치 세력을 국민이 어떻게 신뢰할 수 있겠는가?

그래서 나는 이런 결과를 예상하고 2014년 세월호 정국 돌파를 위해 이른바 '박영선 상설 특검법 폐지'를 강력하게 주장했던 것이다. 이 법은 애초부터 잘못 설계된 법으로 아무런 실효성이 없는 법이다. 박영선 의원의 무리한 업적 욕심 때문에 터무니없는 법을 만든 것이다. 그리고 본인들에게 그 특검법의 칼날이 미치자, 그제서야 "불공정하다"고 반발한 것이다. 박영선 의원이야 법률 문외한이니 그럴 수 있지만, 전해철 의원과 박범계 의원은 법률가 출신인데 왜 이런 무책임한 법을 만들었는지 이해할 수 없다.

원래 특검은 정치적 중립이 엄정하게 요구되는 사건의 경우에 필요한 것이다 (상설특검법 2조). 정치적 중립성이 요구되는 사건을 국민적 의혹이 없이 깔끔하게 처리하기 위해서는, 누가 정권을 잡든 '야당'이 추천하는 특검을 임명할 수 있을 때에 그 상설 특검법이 의미가 있는 것이다. 그렇지 않고 여당이 추천하는 사람을 특검에 임명하도록 설계되었다면, 그냥 검찰이 수사하는 게 낫다. 여당 추천 인사를 특검에 앉히려면 굳이 세금 들여 특검을 할 이유가 없다.

그런데 이 상설특검법 4조에서 특검 추천위원회를 규정하고 있는데(총 7명),

---

222) 2015/04/17 [한국일보] 성완종 장부에 여야 21명 윤곽
2015/04/17 [YTN 단독] 노무현 정부 실세, 성완종 특별사면 개입 정황 포착

이 추천위 구성원이 與4:野3으로 규정돼 있다. 즉 특검을 추천하는 총 7명의 위원이, 여당 의원2, 야당 의원2, 법무부 차관1, 법원행정처 차장1, 대한변협회장1로 구성돼 있는데, 법무부 차관과 법원행정처 차장은 대통령이 임명하는 정무직 공무원이다. 결국 여당 의원2+법무부차관1+법원행정처 차장1=4명으로 정부 여당이 원하는 특검을 앉히도록 설계된 것이다. 대한변협 회장(변호사들이 직접 투표로 선출한다)은 성향에 따라 야당 성향이 당선되는 경우도 있고 여당 성향이 당선되는 경우도 있지만, 그래봤자 결국 4:3 아니면 5:2다. 결국 '여당 사람'이 특검을 하도록 설계돼 있다. 이런 터무니없는 특검법을 상설화시켰다고 대놓고 자랑한 게 새민련이다. 이런 특검법은 폐지하는 게 낫다.

이 잘못된 상설특검법 때문에 세월호 정국이 꽉 막힌 것이다. 과거 상설 특검법이 존재하지 않았을 때는, 국민적 의혹이 있는 사건이 발생할 때마다 건건이 한시적인 특검법을 만들어, 그 당시 국민 여론과 여야 간 힘의 역학관계에 따라 야당 성향의 특검을 앉힐 수 있었다. 그런데 친노 새민련이 주도한 잘못된 '상설 특검법'으로 인해, 이젠 야당 성향의 특검을 앉히는 것이 원시적으로 불가능하게 됐다.

상설특검법 폐지안을 제출해야 한다는 절규는 귓등으로도 안 듣더니, 정작 본인들의 이해관계가 생긴 성완종 파문이 발생하자 새로운 특검법을 만들겠다고 호들갑이다. 이게 국민을 위한 야당인가, 친노를 위한 당이지? 이런 집단을 어떻게 국민이 신뢰할 수 있겠는가?

제5절. 486 정치인 – 아전정치의 하수인

아전 정치의 하수인들 – "도대체 무릎쓰는 법이 없다"

운동권 486들이 정계에 입문한 지 15년이 넘었다. 80년대에 청춘을 보낸 많은 사람들은 '광주'에 대한 부채의식에 시달렸다. 그리고 그것이 486을 한데 묶어주는 보이지 않는 연대의 끈이었다. 486집단은 역사상 최초로 한 세대가 집단적으로 독재 정권에 맞섰던 찬란한 집단 기억을 가진 세대다.

그러나 이들을 대표하여 편하게 국회에 입성한 수많은 '깨어 있는 486' 의원들은 지난 15년 간 한국 정치사의 치욕이었다. 도대체 '무릎쓰는 법'이 없었다. 이들은 각 계파를 바꾸어가면서 '아전 정치', '이방 정치'로 일관했다. 누가 당권을 잡아도 이들은 주류세력이었다. 참 사회생활 잘 하는 거다.

486들은 대한민국을 관통하는 냉전 문제, 양극화 문제, 노동 문제, 정글 자본주의 문제 해결을 위한 아무런 철학과 비전을 제시하지도 못했다. 전문 운동권 출신도 아닌 정동영, 천정배, 이종걸, 최재천 이 저들 486보다 100배는 더 개혁적이었다.

이들이 젊었을 때 헌신했던 자기희생을 모든 국민이 인정한다. 그러나 이제 국회의원, 장관, 단체장 등으로 차고 넘칠 정도로 다 보상 받았다. 조로^{早老}한 486 운동권 정치 끝내야 한다. 30년 전에 학생 운동을 했다는 이유로 이들이 개혁적이라고 믿는 국민은 이제 아무도 없다. 무능한 건 기본이고, 심지어 한나라당과 다를 바 없는 정체성을 가진 486도 천지삐가리다. 더 추해지기 전에 이제 그만 물러나길 권한다.

최장집 – 그것으로 끝이었다.

친노, 486들의 '완장 정치, 관장사 정치, 자영업자로서의 정치, 연봉 1.5억짜리 샐러리맨 정치, 기회주의 정치, 천수답 정치, 생계로서의 정치, 운동권 경력 파는 정치, 입신출세로서의 정치, 깨어 있는 시민 정치, 선민주의 정치, 연예 이벤트 정치, 운동권 오빠 정치, 이미지 정치, 보톡스 정치, 분식粉飾정치, 남탓 정치, 무책임 정치, 알박기 정치, 빨대 정치, 노빠이즘 정치, 이방정치' 끝내는 것이 정치쇄신이다.

'소신으로서의 정치, 뚝심으로서의 정치, 농부가 밭을 탓하지 않는 정치, 신념으로서의 정치, FTA와 뉴타운에 반대하며 낙선을 각오하는 정치, 전문가로서의 정치, 철학있는 정치, 공익으로서의 정치, 정의감으로서의 정치, 서민대중의 피눈물을 닦아주는 정치, 대통령 당선 전의 노무현 정치, 카리스마 있는 정치, 결기로서의 정치, 의리 있는 정치, 책임지는 정치'로 거듭나야 한다.

이미 친노 정치, 운동권 정치는 끝났다. 이들은 시대의 흐름을 읽는 데 철저하게 실패했다. 이제 '선명한 전문가 정치' 시대를 열어야 한다. 정치도 전문직이다. 개혁성과 전문성을 가진 새로운 전문가 집단과 합리적 세력을 모으고 국민에게 다가가야 한다.

정치학계 원로 최장집 선생의 글로 마무리 한다.

> **지금까지 한국의 민주화는 국가기구를 관장하는 엘리트들을 순환시켰다는 것**
> **이상의 큰 변화를 가져오지 못하였다.** 운동권 인사들이 모든 부분에서 최대 다수
> 집단으로 부상했지만 정치체계의 작동 양식이나 주요 정책의 변화는 거의 없었다.
> **엄밀하게 말해 민주화운동 경력은 민주화 이후 통치 엘리트가 되는 효과적 통로로**
> **작동했다. 하지만 그게 끝이었다**(최장집著, 어떤 민주주의인가 31p, 2007년
> 후마니타스刊).

제6절. 친노 세력의 "지역구도 타파"는 실패한 정치 아젠다

친노들의 지역주의 타파는 변형된 영남 패권주의

나도 2002년 노무현 후보의 지역구도 극복이라는 노선에 적극 찬동하였다. 그러나 결과적으로 내가 생각하는 지역구도 극복과 친노들이 생각하는 지역구도 극복은 너무 달랐다.

내가 생각한 지역구도 극복은 '영남 패권주의 청산'이다. 지역구도는 특정 지역이 권력과 이익을 독점하기 때문에 발생하는 것이다. 1961년부터 1997년까지 무려 40년 가까운 세월을 영남이 대한민국 권력과 이익을 독점했다는 것은 움직일 수 없는 사실이다. 그러나 참여정부의 지역구도 극복은 '영남 패권주의의 전면화'였다. 즉 "호남 10표 보다 영남 1표가 더 중요하다", "호남 밟고 영남가자"는 논리였다. 이 때문에 참여정부는 집권하자마자 DJ 등에 칼을 찍고 동교동을 쑥대밭으로 만들며 대북 송금 특검을 했으며, 영남당(열린우리당)을 창당했으며, 한나라당과 대연정을 주장했다. 얄팍한 정치기술자들은 그렇게 하면 영남이 친노를 지지할 거라고 생각한 것이다. 심지어 한나라당에서 이회창과 나란히 대선 경선에 출마했던 인물을 열린우리당 당 의장에 앉히기도 했다. 지역구도 극복이라는 맹목에 정체성을 송두리째 말아먹은 것이다.

친노들의 인식에는 영남이나 호남이나 똑같은 지역주의였다. 그래서 그들은 엉뚱하게도 "호남이 '먼저' 지역주의를 깨면 영남도 지역주의가 완화될 것이다"고 주장한 것이다.[223] 그러나 이런 주장은 천부당만부당하다. 호남의 지역주의는 죽지 않고 살기 위한 방어적 지역주의다. 반면 영남의 지역주의는 영남이 권력을 독점하겠다는 적극적이고 공격적 지역주의. 어떻게 호남과 영남의 지역주의를 등가로 놓고 평가할 수 있는가? 지역주의의 가해자는 누가 봐도 '영남'이다. 하늘이 두 쪽 나도 이는 움직일 수 없는 사실이다. 그러나 친노들의 생각은 달랐다. 친노의 영남패권주의와 호남 증오는 한나라당 보다 훨씬 악질적이다.

지역구도를 타파하겠다면 영남에 가서 DJ깃발 들어라

더 이상 친노가 주장하는 '지역구도 타파'는 필요 없다. 지역구도 타파는 참여정부의 실패와 함께 이미 생명을 다한 정치 아젠다이다. 친노가 군이 지역주의를 타파하겠다고 한다면, 호남에 와서 지역주의 타파를 주장할 게 아니라 영남에 가서 "DJ가 옳다"며 영남 패권주의 타파를 호소해야 한다. 이미 호남은 영남 출신 노무현 후보에게 90% 이상의 몰표를 주어 대통령을 만들었고, 역시 같은 부산 출신 문재인 후보에게 90%에 가까운 애정을 주었다. 새누리당에서 호남 출신 이정현 의원이 새누리당 당 대표하고 대선 후보할 수 있겠나? 택도 없다. 한국 근대 정치에서 지역구도는 영남의 산물이다. 어설프게 양비론으로 물타는 것은 정의에 반한다.

---

223) 이진 著, 참여정부 절반의 비망록(서울, 개마고원, 2005), p192.

지역감정 때문에 못살겠다는 국민 있나?

또한 지금 대한민국 국민 중에서 지역감정 때문에 못살겠다는 사람있나? 양극화, 비정규직, 냉전 종북몰이, 복지 파탄 때문에 못살겠다는 사람은 봤어도 지역감정 때문에 못살겠다는 사람은 없다. 물보다 진한 것이 피고, 피보다 진한 것이 이념이고, 이념보다 진한 것이 사랑이고, 그 사랑보다 진한 것이 지역감정이다. 지역구도 타파는 쉽게 실현 가능한 아젠다도 아니며 나아가 시급한 아젠다도 아니다. 대체 무엇을 위한 지역구도 타파란 말인가? 지역구도 타파 자체가 자기 목적적 원리인가? 좋다. 지역구도가 극복된다고 치자. 그렇다고 냉전이 종식되나, 양극화가 청산되나, 비정규직이 사라지나, 복지 자본주의 건설이 앞당겨지나, 우리의 사랑이 깊어지나, 세계 평화가 도래하나? 대체 무엇을 위한 지역구도 타파란 말인가?

따라서, 지역감정을 부추길 것도 아니지만 그렇다고 지역감정 없애겠다고 나설 일도 아니다. 더구나 지역구도 타파를 빙자하여 열린우리당처럼 한미 FTA 찬성하고, 대북 송금특검으로 남북관계를 파탄내고, 부자감세하고, 로스쿨 수용하고, 영리병원 도입하고, 비정규직 합법화하고, 대학 법인화하여 등록금 폭등 시키고, 한나라당과의 대연정을 주장한다면, 그런 지역구도 타파가 대체 국리민복에 무슨 도움이 된단 말인가?

특히 한나라당과의 대연정은 지역구도 극복이라는 맹목에 매몰돼 지지자를 철저하게 배신하여 민주주의의 근간을 파괴하고 말았다. 차라리 지역정당이라고 욕을 먹어도 한미 FTA 반대하고, 비정규직 폐지하고, 로스쿨 거부하고, 의료 공공성 강화하는 선명야당이 역사와 전체 국민에게 100배는 유익하다. 새민련이 호남당이어서 전국 정당화가 안 되는 게 아니라, 친노 새민련에서 개혁성이라곤 전혀 찾을 수 없으니까(=새누리당화 되니까) 호남당에 머무르는 것임을 엄중하게 인식해야 한다.

지역구도 극복이라는 신기루에 쏟는 열정을 ▲양극화 청산 ▲냉전종식 ▲유럽식 복지자본주의 건설에 쏟자

더 이상 지역구도 타파 자체는 진선진미한 '자기목적적 원리'가 될 수는 없다. '무엇을 위한' 지역감정 극복인지에 대한 뚜렷한 철학은 없고, '맹목적 지역감정 극복론'에 매몰되면 그보다 훨씬 커다란 가치를 외면하게 된다. 또한 아무리 "우리는 지역감정 같은 거 없다 아이가"하고 떠들어봐야, 대선이 치러지면 특정지역의 80%는 특정 후보를 찍고, 다른 특정 지역의 80%는 다른 특정 후보를 지지하는 것이 엄연한 현실이다.

더 이상 속 보이는 자기 위장 같은 거 하지 말자. 존재하는 지역감정 쿨하게 인정하고, 지역등권론을 구체화하여 각 지역 간 줄 것 주고 받을 것 받으며 사이좋게 지내는 것이 현실적이고, 우리 헌법 정신에도 부합된다. 얼마나 특정 지역이 다 해먹었으면 헌법에 '국토의 균형있는 개발'을 명문화했겠는가?(헌법 122조) 요컨대 지역구도 극복이라는 신기루에 쏟는 열정을 ▲양극화 청산 ▲냉전종식 ▲유럽식 복지자본주의 건설에 쏟는 게 합리적이다.

친노의 지역구도 타파론은 민주개혁 세력의 지지기반만 와해시켰다

정치라는 건 상대적 게임이다. 영남의 지역주의는 철옹성인데, 친노는 엉뚱하게 호남에 와서 지역주의 타파를 외쳤다. 그 결과 지난 10년 간 친노들은 지역구도 타파를 빙자하여 민주개혁 세력 해체와 영남패권주의 강화에 혁혁한 기여를 했을 뿐이다.

100보 양보하여 선의를 갖고 했다고 해도, 정치는 결과로 승부하는 영역이다. 의도가 아무리 좋아도 결과가 나쁘면 그건 나쁜 정치다. 그게 일반 사인의 영역과 정치 영역의 차이이다. 친노들은 '지역구도 타파'를 빙자하여 호남표를 인질삼아 자신들의 철옹성 같은 특권을 확보했을 뿐이다. 희한한 건, 친노들은 입으로는 지역구도 타파하자며, 선거 때만 되면 '호남의 아들'이 되겠다고 하는 것이다.[224] 호남은 그렇게 친노의 '호갱'이 되었고, '쌈짓돈'으로 전락하고 말았다. 이 과정에서 친노가 호남, 서민, 학생, 노동자, 농민, 자영업자, 도시 중산층을 위해 한 일은 아무 것도 없다. 그저 자기들끼리 공천권 갈라먹고, 단체장 갈라먹기에 바빴다.

---

224) 2012/10/04 [뉴스1] '호남사위' 安, '호남아들' 文 …추석전후 호남 민심은 어디로

제7절. 친노의 정치적 뿌리는 DJ의 평민당이 아니라 YS당 또는 이기택의 꼬마 민주당

참여정부, MB 정부, 박근혜 정부는 뫼비우스의 띠

앞서 제1절에서 언급한 친노 세력의 정책적 수구 보수성을 본 독자들은 참여정부의 정책이 MB, 박근혜 정부와 거의 유사했음에 놀랐을 것이다. 친노들이 MB와 박근혜 정권을 증오하며 비난하는 모든 정책, 참여정부가 다 했다고 보면 99%는 틀림없다. 노명박근혜는 '4대강' 하나를 제외하고, 모든 정책과 영남패권성에서 뫼비우스의 띠다. 이를 정확하게 인식하는 게 중요하다. 친노가 개혁세력이었다는 그릇된 세뇌에서 벗어나지 않으면, 영원히 사이비 세력의 노예가 될 수밖에 없다.

앞서도 살펴보았듯, 친노들은 정권 잡고 5년 내내 한나라당이 20년 집권해도 하지 못할 주옥같은(?) 수구 보수정책을 화려하게 제도화했다. 그리고 한나라당은 열린우리당과 사실상 대연정을 통해 실속이라는 실속은 다 챙겼다.

어떻게 참여정부는 고작 5년 만에, 전두환이 부활해도 하지 못할 역대 최고의 수구 보수정책들을 화려하게 제도화할 수 있었는가? 바로 ▲노무현 대통령의 영남 중심적 사고, 즉 그의 정력적인 한나라당과 대연정 정신 ▲제1야당 한나라당의 참여정부 정책에 대한 충실한 지지(그러면서 한나라당은 한편으로 친노들의 이른바 '싸가지 없는' 발언과 태도를 비난하면서 '야당 장사'를 했다. 그들은 결국 실속은 다 챙긴 것이다) ▲벼락출세하여 권력의 단맛에

푹 빠진 운동권 친노들의 정책에 대한 무지와 무관심(관료들과 삼성연구소가 이들 운동권을 구워삶는 건 일도 아니었다) ▲노무현 대통령이 을사늑약을 체결해도 옳다는 식의, 정신나간 친노들의 광신적 태도 등이 결합하여(주지하다시피, 이런 '노빠진리교인'들의 행태가 일베를 낳았다), 이러한 결과를 낳은 것이다.

그 결과 한미일 3각 동맹의 냉전 구도는 부활되었고, 신자유주의 야만 사회로 확실하게 진입하게 되였고, 이명박과 박근혜는 이 노선을 충실하게 계승 발전(?) 시키고 있다.

친노의 실정과 이른바 '싹수 없는' 태도는 2007년 MB를 낳았고, MB의 패악질은 2010년 지방선거에서 폐족 친노를 부활시켰고, 부활한 친노는 2012년 박근혜를 낳았다. 친노는 개혁세력이 아니라 개혁 참칭으로 호남 앵벌이하며 생계를 이어가는 수구 보수세력일 뿐이다. 이게 현 야당의 비극이다.

친노, YS와 이기택의 후손들

그렇다면 왜 친노들은 새누리당과 다를 바 없는 정체성에서 벗어나지 못할까? 바로 그들이 YS의 통일민주당과 이기택의 꼬마 민주당의 후손이기 때문이다. 뿌리를 속일 수는 없다. 피를 속일 수는 없다. 근본을 속일 수는 없다. 친노는 꼬마 민주당의 '反(非)DJ, 反민정당'의 노선을 승계한 집단이기 때문이다. 즉 지금 친노 새민련의 뿌리는 3당 야합에 거부한 1990년 이기택, 노무현의 '꼬마 민주당' → DJ의 정계 복귀와 새정치국민회의 창당에 반대한 1995년 이기택, 홍성우, 노무현 등의 '통합 민주당' → 2003년 한나라당 대선 후보 경선에 참여한 이부영 등을 영입한 '열린우리당' → 친노 새민련으로 이어지는 '영남 비주류 세력'에게 있기 때문이다. 이들은 DJ의 평민당과는 아무런 관계가 없는 정치세력이다.

이들 꼬마 민주당 세력은 표면적으로는 '反DJ, 反신한국당'을 표방하며 '지역주의 청산=3김 청산'을 외쳤지만, 결국 O, X의 선택의 기로에 서면 늘 '한나라당'을 택했다. 이들은 표면적으로는 '3김 지역주의 청산'을 외쳤지만 실질적으로는 DJ의 정계복귀에 반대하며 '反DJ'노선을 걸었던 사람들이다. 현직 대통령으로 권력을 한껏 누리고 있는 김영삼과, 36세에 중앙정보부장이 되고 이후 최연소 총리를 지내면서 권세가 하늘을 찔렀던 김종필을, 서민대중의 대변자로서 권력 한 줌 쥐어본 적 없는 김대중과 똑같은 '3김 지역주의'로 묶어 날려 보내려고 했던 자들이 바로 '꼬마 민주당' 세력이다. 이러한 영남패권주의적 이념과 노선이 오늘날 친노들에게도 그대로 계승되고 있다.

그렇게 이들 이기택+홍성우 체제의 민주당에서 '3김 지역주의 청산'을 내걸고 1996년 총선에 출마한 인사들은, 총선에서 실패하자 1997년 대선을 앞두고 거의 대부분 한나라당에 입당한다. 그런데 이때 한나라당을 선택하지 않고 DJ쪽에 베팅한 극소수의 집단이 있는데, 바로 김원기, 노무현, 김정길, 원혜영 등이다. 그리고 이들은 2002년 정권을 잡는 대박을 터뜨렸고, 정권을 잡자마자 1996년 이기택 민주당에서 같이 활동하다가 한나라당으로 투항한

과거 동지들을 '지역구도 해소'를 빙자하여 다시 끌어들였다. 그렇게 정체성 없이 마구 섞다가 참담하게 실패한 게 바로 열린우리당이다. 지면상 더 자세한 언급을 못하니, 내 블로그의 글 「새민련의 뿌리는 DJ의 '평민당'이 아니라 YS당 또는 이기택의 '꼬마 민주당'이다」를 참고하시라.

서로 기질이 다른데 같이 살면 감정만 격화된다. 친노가 새누리당보다 '호남 증오'가 훨씬 심한 것도 이 때문이다. 지역감정 완화를 위해서라도 같이 사는 것보단(친노), 적당히 떨어져 사는 것(새누리당)이 훨씬 바람직하다. 숙려기간도 충분했다고 본다. 서로의 행복을 빌어주며 담백하게 이혼 도장을 찍는 것이 서로를 위한 길이다.

제8절. 한겨레에게 묻는다.

언제부터인지 정확하게 지적하긴 어렵지만, 한경오(한겨레, 경향, 오마이뉴스)의 '빠질'이 도를 넘은 지 오래다. 오마이뉴스야 그러려니 하지만, 특히 한겨레의 빠질이 일취월장(?)하고 있다. 오죽하면 세간에 한겨레를 두고 '문겨레'라고 하겠는가?

몇 몇 기사를 보자. 2015년 3월 19일 [한겨레]는 「"노무현 2배의 학습능력"... 문재인의 경제 실력은?」이라는 기명 칼럼 기사를 냈다. 내 손 발이 다 오그라들었다. 문재인 대표의 참모가 "문재인 의원의 학습능력은 노무현 2배"라고 했다는 말을 기사로 뽑은 건데, 아마 한겨레 역사에 길이 남을 문비어천가가 될 것이다. 왜 고작 2배인가? 스케일이 그래서 되겠는가? 천만 배 쯤 된다고 하지 그런가?

2015년 4월 14일 [경향신문]의 기명 칼럼 「정동영, 변한 줄 알았다」도 한겨레 못지않다. 이 칼럼에서는 27년 간 단 한 차례도 뺏긴 적 없는 관악乙이 위태롭게 된 것을 엉뚱하게 정동영 탓으로 돌리고 있다. 역대 야당 최대 의석인 130석을 갖고도, 27년 간 단 한 번도 뺏긴 적 없는 텃밭에서 뺏긴다면 그건 본인들(새민련)의 무능 탓이지 그게 어떻게 정동영 탓이란 말인가? 제 정신으로 이런 칼럼을 내는 건가?

이렇게 한경오가 10년 넘게 친노의 '남탓 정치'를 옹호하니까 친노가 안

되는 거다. 친노들은 2010년 제5회 지방선거 서울시장 선거에서 한명숙 (46.83%) 후보가 오세훈(47.43%)에게 간발의 차로 낙선한 것을 두고 노회찬 (3.26%) 탓을 하더니, 개버릇 못 버리는 거다. 노회찬이조차도 품지 못한 친노의 배타성을 반성하고 시정하는 것이 마땅하지, 노회찬이 비난하는 것이 옳은가? 만약 이 선거에서 오세훈이가 간발의 차이로 낙선하고 한명숙이가 당선됐다면, 그래서 오세훈 지지자들이 자유선진당 지상욱(2.04%) 후보 탓을 했다면, 오세훈이 얼마나 못나고 찌질해 보였겠나?

재보선을 하루 앞두고 나온 2015년 4월 28일 [한겨레] 「재보선 참사를 기억하자」는 한겨레 대기자의 칼럼은 빠질의 절정에 이른다. 마치 2002년 12월 대선 직전 조선일보의 "鄭夢準, 노무현을 버렸다"는 사설을 보는 것 같았다. 미워하면서 계속 닮아가고 있다. 적대적 공존하는 것이다. 이런 칼럼들은 칼럼이라고 할 수도 없을 정도로 정파성을 드러내고 있다.

한겨레의 분투(?)에도 불구하고 문재인 대표는 광주, 관악乙, 성남 중원 등 텃밭 세 군데를 포함한 네 군데 재보궐 선거 지역에서 전패를 했다(2015. 4. 29). 그냥 패배도 아니고 참패였다. 친노의 참패에 분이 안 풀렸는지 한겨레는 재보궐 직후 사설까지 동원해 정동영에게 저주를 퍼부었다. 재보선 직후 2015년 4월 30일 [한겨레]는 「정동영의 실망스러운 처신」이라는 사설을 내고 "한때 촉망받던 정치인의 끝없는 추락이 참으로 안타깝다"고 조롱하며 그를 부관참시했다. 마치 과거 조선일보가 DJ를 조롱하는 듯한 사설이었다. 그러나 제 정신 박힌 언론이라면 '정동영의 실망스러운 처신'이 아니라, 텃밭 세

군데에서 참패하고도 아무런 반성과 책임도 없는 '문재인의 실망스러운 처신'을 사설로 냈어야 했다. 한때 촉망받던 신문의 끝없는 노빠질이 참으로 안타까울 뿐이다.

한경오의 이러한 행태는 2015년 10. 28 보궐 선거 직후에도 여전했다. 문재인 지도부는 총 24개 지역(기초단체장1, 광역9, 기초 14)에서 치러진 10. 28 보궐 선거에서, 고작 2군데에서만 승리하고, 수도권에서는 새누리당과 정의당에 밀리고, 호남에서는 무소속에게 밀려 압도적으로 패배하고 말았다. 특히 전국 투표율은 20.1%에 지나지 않았지만, 텃밭 전남 신안의 기초 의원 선거 투표율은 무려 63.8%를 기록했다. 이곳에서 새민련은 무소속 2명에게 밀려 3등으로 낙선하는 수모를 당했고, 전남 목포는 공천조차 실패했다.

10. 28 보궐선거에서 광역의원 선거는 수도권 여섯 군데(서울1+경기3+인천2), 영남 두 군데, 호남 한 군데 등 총 아홉 개 지역에서 치러졌다. 광역의원은 국회의원 지역구 1개당 2명밖에 없다. 따라서 지역구만 놓고 보면 광역의원은 1/2짜리 국회의원인 셈이다. 그런데 새민련은 영호남을 제외한 수도권 여섯 지역 중 다섯 지역에서 패배했다. 인천 부평에서는 정의당에 밀려 3등 낙선하는 수모를 기록했다. 기초의원 선거 14개 지역에서 새민련이 얻은 의석은 0석이다. 기초단체장에서는 무소속에 밀려 3등 낙선했다.

그런데도 친노들은 "광역의원, 기초의원 패배가 뭐 그리 대수냐"고 강짜를 부린다. 기초단체장, 기초의원, 광역의원에서 새누리, 정의당, 무소속에 밀려서 3등 한 세력이, 국회의원 선거와 대선에서는 1등 할 수 있나? 그게 친노들이 그렇게 좋아하는 '상식'적 해석인가? 역대 야당사상 있을 수 없는 일이 벌어지고 있는 데도, 친노 지도부 그 누구도 책임지는 사람이 없다. 역대 야당사상 있을 수 없는 일이 벌어지고 있는 데도, 한경오는 '친노 파쇼 체제'에 한 마디 비판도 없이 침묵하고 있다. 이러고도 한경오는 정론직필을 자부할 수 있는가?

한겨레가 참여정부 시절 했던 노비어천가에 대해선 언급하지 않겠다. 문재인 당 대표 취임 이후(2015. 2. 9)에 대해서만 보자. 문재인 대표가 당 대표에 취임한 이후의 행적과 정치적 쟁점을 보자. ▲이승만묘 참배 ▲수많은 과학적 의문이 제기된 천안함 사건을 폭침으로 단정 ▲조선일보 방상훈 사장과 화기애애한 회동[225] ▲새누리당 유승민 대표보다 보수적이었던 문재인 대표 연설 ▲이완구 총리 인준을 '여론조사'로 결정하자는 문재인 대표의 발언 ▲朴 정부 장관 청문회의 무딘 칼. 그리고 "인사 청문회에서 절대 이완구 총리 후보 반대를 못하게 하겠다"는 이해찬 의원의 발언[226] ▲보편적 복지의 하나인 경남의 의무 급식 중단 사태를 의제화 안 하는 이유 ▲수조~수십조 원이 소요되는 미국 MD 강요 문제와 대륙 침략의 발판인 일본의 집단자위권에 대해 130명의 국회의원이 침묵하는 이유 ▲대북 송금특검, 한나라당과의 대연정에 대한 문재인 대표의 입장 ▲참여정부 성완종 특별사면 의혹(보궐 선거 최대 이슈였다) ▲중앙일보가 단독 보도한 2007년 대선 직전 노건평-이상득 밀약 파문 ▲노

---

225) 2015/04/03 [미디어오늘] 문재인, 조선일보 사주 방상훈 비밀리 만났다
  지난 3월 넷째 주 서울 모처에서 만남 가져… "화기애애한 분위기였다"
226) 2015/02/13 [오마이뉴스] "이완구 반대 안돼"…비겁한 충청권 야당 의원들

무현 정부, MB 정부의 한미 FTA에 따른 론스타의 장난질에 침묵하는 이유 ▲이완구의 3천만원 혐의에 대해서는 펄펄뛰면서, 한명숙의 9억원 수수 사건 재판 뭉개기에 대해 침묵하는 이유 ▲현대판 음서제도인 로스쿨 도입하고 사법고시 폐지한 이유 ▲朴 정부를 심판하겠다면서, 한나라당과 대연정을 기획하고 한미 FTA를 찬성하는 후보를 관악乙 보궐 선거에 공천하여 유권자를 우롱하는 이유 ▲성완종 특검은 '상설 특검'이 아닌 별도 특검법으로 하자면서 작년 세월호 유족에게는 상설 특검을 강권한 이유 등.

한겨레는 정동영을 저주하는 노력의 1/100만큼이라도 문재인 대표와 친노의 수구 보수성, 영남패권성, 무능력, 무정견無定見을 질타한 적이 있는가? 위에서 언급한 문재인 대표의 정치 행위에 대해 한겨레는 어떻게 생각하는가?

한겨레는 2015년 4월 28일 「재보선 참사를 기억하자」는 칼럼에서 정동영과 천정배를 고물 정치인이라 칭하며, "새누리당의 트로이 목마라고 한들 누가 나무랄 수 있을까"라며 적반하장식의 폭언을 퍼부었다. 똥 싼 주제에 매화타령한다더니, 후안무치도 이 정도면 언론이라고 하기 낯간지러울 지경이다.

한겨레에게 묻는다. 친노들이 전두환식으로 체결한 한미 FTA에 반대하고, 영리병원에 반대하고, 비정규직 을 기간제로 합법화하는 것에 반대하고, 한미일 3각 동맹(제주 해군기지 건설, 주한미군 MD, 용산기지 이전 협상, 전략적 유연성 수용)에 반대하고, 대북 송금특검에 반대하고, 로스쿨 도입에 반대하고, 한나라당과의 대연정에 반대하는 새누리당 트로이 목마도 있단 말인가? 대체 누가 새누리당 트로이 목마인지 한겨레는 모른다는 말인가, 알고도 침묵한다는 말인가?

한경오는 문재인 대표의 이승만묘 참배에 대해 정동영 인신공격하듯 비판한 적있나? 이승만 참배는 박정희도 하지 않았던 일이다.[227] 대선 후보라면 이해할 수도 있겠지만 당 대표가 왜 거길 가나?

한경오는 수많은 과학적 의문이 제기된 천안함 사건을 폭침으로 규정한 문재인 대표에 대해 정동영 잡아먹듯 비판한 적 있나?

한경오는 문재인 대표의 조선일보 방상훈 사장과 화기애애한 비밀 회동에 대해 정동영 인신공격하듯 비판한 적있나? 만약 정동영이 방상훈을 만났다면 침묵했겠나?

한경오는 문재인 대표 체제하에서 장관 청문회의 무딘 칼에 대해 정동영 죽이듯 비판한 적있나? 이해찬 의원이 "이완구 총리 후보 반대 못하게 하겠다"는 발언에 대해 정동영 죽이듯 비판한 적이 있나?

한경오는 문재인 대표의 "여론조사로 이완구 총리 인준 여부를 결정하자" 反헌법적인 제안을 정동영 인신공격하듯 비판한 적 있나?

---

227) 2015/03/24 [조선일보] [최보식이 만난 사람] "어머님은 생활비 내주며 가계부 확인… 전기료 많이 나오면 빨간 줄 그어"

한경오는 문재인 대표가 안보정당으로 탈바꿈하겠다면서 새누리당 따라하는 사이, 새누리당 원내대표 유승민은 서민과 중산층을 위하는 정당이 되겠다고 연설하여 여야가 뒤바뀐 상황에 대해 비판한 적 있나?

한경오는 국회의원 130석을 갖고도 비정규직 문제, 경남의 의무급식 파동 문제, MD 문제, 남북문제, 보편적 복지 문제, 영리병원 문제, 대학 등록금 문제, 한미일 3각 동맹 문제 하나 의제화하지 못하는 역대 야당사상 최고 무능 친노 정당에 대해 정동영 죽이듯 비판한 적이 있나?

한경오는 새누리당과 문재인 대표의 '성완종 특검 반대' 대연정을 비판한 적이 있나?[228] 더구나 작년 세월 호 유족들에게는 특검을 강요하고, 막상 본인들이 관련된 성완종 파문이 발생하자 "특검은 공정하지 못하다"며 거부하고 있는 친노들을 정동영 죽이듯 비판한 적이 있나?

한경오는 '노명박 정권'이 체결 비준한 한미 FTA에 따른 론스타의 장난질에 대해 한미 FTA 체결의 핵심 당사자인 문재인 대표의 해명과 책임을 요구한 적이 단 한 번이라도 있나?

남북한의 냉전세력이 서로를 적대시하며 정권을 유지하듯, 정체성에서 한치의 차이도 없는 영남 주류 수구세력(TK새누리당)과 영남 비주류 수구 보수세력(PK친노 새민련)이 서로에 대한 증오를 부추기며 적대적 공존한다. 그리

---

228) 2015/04/12 [프레시안] 여야 "성완종 리스트, 특검 요구할 단계 아냐"

고 한경오는 이런 '개의 의리'를 부추기고 있다.

친노 세력과 자칭 진보 언론은 '양극화 청산'을 위해 아래(서민)로 향하고 '냉전종식'을 위해 위(대륙)로 가서 유럽식 복지 자본주의를 열겠다는 정동영의 노선과 가치가 대체 무엇이 잘못되었는지에 대한 지적은 없고, 오직 'MB 나쁜 놈' '박근혜 나쁜 X'이라는 즉자적 원한 감정만 동원하며, "우리(친노)에 동의하지 않으면 모두 새누리당 간첩"이라며 폭력적 야만 정치를 선동하고 있다. 노명박근혜가 서로를 선거에 이용하며 '적대적 공존'하고 언론까지 이에 뇌동하고 있는 것이다. 한경오마저도 이러니까 친노들이 무슨 선거를 해도 판판이 깨지는 것이다.

한마디만 진지하게 충고하겠다. 슈틸리케를 보라. 2부리그 출신들에게도 돌아가면서 기회를 주지 않던가. 기회주고 결과를 내지 못하면 과감하게 명단에서 제외하라. 그리고 다른 인물에게 기회를 줘라. 문재인 대표에게 기회를 주었으면 정동영, 천정배에게도 기회를 줘라. 그게 한경오도 사는 방법이다.

제2장 민주개혁 세력의 집권 전략

제1절. 다당제 구도하에서의 이질적 세력 간 정치공학적 연대

제1장에서 언급했듯, 친노 세력의 수구 보수적 정체성, 영남패권성, 자폐적 권력 독점주의, 이른바 '싹수 없음'으로 인해 친노를 엔진으로 새누리당 정권을 교체한다는 것은 영원히 불가능하다. 무릇, 조직 확대의 기본은 자신의 영역을 확고하게 장악한 후 외연을 확장하는 것이다. 그러나 친노는 이미 자신의 지지기반에서조차 몰락했다. 전남 기초 단체장의 1/3은 무소속이고, 전북 기초단체장의 50%는 무소속이다. 자기 안방에서도 인정 못 받는 세력이 뭘 할 수 있겠는가?

그렇다면 어떻게 해야 집권이 가능한가? 다수세력인 새누리당의 집권 전략은 정당 일체감을 강화시켜 여야與野 1:1 구도를 정립한 후, 지역감정을 부추기고 이념 공세('빨갱이' 공세='종북' 공세)를 강화하는 것이다. 이것이 1988년 직선제 시행 이후 일관된 새누리당 세력의 '거대 전략'이다. 특히 새누리당 입장에서는, 친노와 여야 1:1구도를 정립하는 것은 하늘이 내려준 축복이다. 그렇게 되면 새누리당은 어떤 선거를 치러도 승리할 수 있기 때문이다.

이에 맞서 소수세력인 '양심적 민주 개혁세력'은 어떻게 해야 집권이 가능한가? 제1단계로, 노선과 가치가 선명한 대중적 개혁 야당을 창당하여 총선 이후 '다당제 구도'를 만들어야 한다. 제2단계로, 다당제 구도 하에서 '이질적異質的' 정치세력 간 정치공학적 연대를 완성해야 한다. 결선 투표가 없는 한국 정치 현실에서 소수 세력이 집권을 위한 정치공학적 연대(그것이 정책연대이든 선거연대이든 지역연대이든)는 필수적이다.

소수세력은 이 두 단계를 성공적으로 완수해야만 정권을 교체할 수 있다. 다른 방법은 없다. 여야 보혁 1:1 대결은 새누리당이 가장 강력하게 원하는 것으로, 우리에겐 하지하책이다. 1997년에도 이 두 단계를 거쳐 정권 교체에 성공했고(제1단계 국민회의 창당후 다당제 구도 완성, 제2단계 이질적 세력 간 정치공학적 연대), 2002년은 '정권 교체'가 아니라 '정권 재창출'이었지만, 그때도 행정수도 충청이전을 매개로 사실상 제2의 DJP연대를 성사시켰고, 이질적 정치세력인 정몽준과의 정치공학적 연대를 성사시켰다. 그래서 정권 재창출이 가능했다. 2007년 대선은 집권 여당 세력이 정권 재창출에 아예 관심이 없어 구도 자체가 성립될 수 없는 선거였으니 논외로 하겠다. 2012년 대선의 경우 압도적 정권 교체 여론에도 불구하고, 여야가 총결집한 1:1구도 에서 패배했다. 난 여야 1:1 구도 하에서 야권이 50%을 넘길 가능성은 매우 희박하다고 본다(후술). 제1단계는 성공했지만, 제2단계에 실패한 87년, 92년 대선에서는 정권 교체에 실패했다.

이러한 "2단계 집권 전략"을 위해서는, 야권 신당 창당이 선결되어야 한다. 그 후 내년 총선에 임해 '현재의 사실상 양당 체제'를 깨고 다당제 구도를 만들어야 한다. 그러나 이에 대해선 친노들이 '야권 신당 불가론'을 주장하는데,

그 대표적 논리가 ⅰ) 새민련을 리모델링해서 사용하자, ⅱ) 2012년 획득한 48%에서 2%+1표만 더 얻으면 집권할 수 있다, ⅲ) 야권 신당은 야권 분열이다, 등의 반대 논리가 그것이다. 이런 반대 논리가 타당한가? 살펴보자.

제2절. 친노 새민련의 리모델링이 가능한가?

선거사에 한 획을 그은 친노 세력

개 꼬리 삼 년 묵혀도 황모 못 된다. 따라서 나는 새민련이 리모델링은 불가능하다고 본다. 친노의 수구 보수성, 영남패권성, 권력욕, 이른바 '싹수 없음'은 개선 불가능하다는 것이 경험적으로 실증되었고, 이미 국민의 평가도 끝났다. 실제로도 친노 새민련은 지난 10년 간 대형 선거(자잘한 보궐선거는 제외하겠다)에서 이미 아홉 번 탄핵 받은 정당이다. 역사에서 경험적으로 실증됐는데 더 이상 무슨 말이 필요한가? 절대 고쳐 쓸 수 없다. 살펴보자.

① 2006년 지방선거 참패 ② 2007년 대선사상 최대 패배 ③ 2008년 총선에서 152석→81석으로 반토막 패배 ④ 나무토막만 세워 놓아도 이길 수 있는, MB심판 2010 지방선거에서 친노 서울시장 후보(한명숙)와 친노 경기지사 후보(유시민)만 낙선 ⑤ 2011년 서울시장 보궐선거에서는 공천조차 실패(60년 정통 야당사에 치욕) ⑥ 200석도 넘는다던 2012년 4. 11 총선에서 친노 한명숙 지도부의 친노 공천으로 참패 ⑦ 2012년 대선에서, MB의 실정에 따른 열화와 같은 정권교체 열망+사상 최고의 2030 투표율+상대적으로 낮았던 5060 투표율+안철수의 지원을 업고도, 읽지 않으면 용어 구사가 안 되는 유신공주에게 참패 ⑧ 2014. 7. 30 보궐선거에서 11:4로 참패하고, 텃밭인 전남 순천에서 친노 서갑원은 친박 이정현에게조차 압도적으로 패배 ⑨ 2015. 4. 29. 보궐에서 광주, 관악乙, 성남 중원 패배를 포함한 4:0 전패. 특

히 광주에서는 20% 이상의 압도적 패배를 기록했고, 서울 관악乙은 소선거구가 실시된 이후 수도권에서 단 한번도 DJ세력이 패배한 적이 없는 유일한 지역인데도 패배.

열린우리당, 2006년 지방선거에서 4·19 직후 자유당보다 더한 패배

2006년 지방선거에서 열린우리당의 수도권 패배는 4·19로 몰락한 자유당보다 더한 패배였다. 당시 집권 여당인 열린우리당은 서울시의원 지역구 96석 全敗, 경기도의원 지역구 108석 全敗, 인천시의원 지역구 30석 全敗를 기록하는 등, 수도권 광역의원 지역구 234개 全敗라는 정치사에 전무후무한 획(?)을 그었다. 이 기록은 앞으로 깨지지 않을 것이다. 이는 4·19혁명에 의해 자유당이 몰락하고 치른 제5대 총선(1960. 7. 29)에서의 자유당 패배를 능가하는 패배였다.

4·19혁명으로 집권당에서 몰락한 자유당은 4·19 직후 시행된 제5대 총선에서 자유당 간판 그대로 총선을 치렀다. 이때 자유당은 국회의원 223석 중 2석이라도 얻었지만, 2006년 열린당은 수도권(서울+경기+인천) 광역의원 지역구 234개에서 전패全敗하며, 수도권 지역구 광역의원 0석이라는 불멸의 기록을 남겼다. 물론 1960년 자유당 사례는 총선(국회의원 선거)이었고, 2006년 열우당 사례는 광역의원 선거였으니 직접 비교는 불가능하다고 해도, 간접적 평가 자료가 되기엔 충분하다. 친노는 이미 이때 폐족이 된 집단이다. 영원히 정계에서 사라졌어야 할 집단이, 노 대통령의 비극적 서거와 그

에 따른 국민 동정으로 겨우 기회를 얻었으나, 국민에게 보여준 건 과거와 똑같은 무능, 권력욕, 싹수 없음 뿐이었다.

이처럼 열린우리당은 2006년으로 사실상 사망 선고 받은 세력이다. 그런데 정세 파악 못하고 그 이후로도 당명이나 바꾸는 미봉책과 분식粉飾 행위로 일관하고 있으니, 딱하다 하지 않을 수 없다.

친노 문재인 체제로는 새누리당에서 누가 나와도 이길 수 없다

친노들은 친노들 중심으로 단결하여 여야 1:1 구도를 만드는 것만이 대선 승리의 길이라고 주장하고 있으나, 택도 없는 소리다. 오히려 그 반대다. 1:1 보혁 대결이나 세대 대결 구도로는 필패한다. 어느 사회든 보수세력이 우세하기 마련이기 때문이다. 연령 분포조차 급격하게 노령화되고 있다. 실제 지난 10년 간 대형 선거에서 친노는 새누리당과의 사실상 1:1 구도에서 판판이 패배했다. 역사적 실증보다 더 강력한 증거가 어디에 있나? 또한 우리 국민이 요구하는 것은 '변화'이지 정체성에서 아무런 차이가 없는 여야與野 영남 수구체제하에서의 '1:1 사이비 보혁 대결'이 아니다.

게다가 무능하고 정체성에서 새누리당과 다를 바 없는 친노당으로는 새누리당의 후보가 누가 되든 총선과 대선 승리는 불가하다. 문재인 대표는 2012년 대선에서, MB의 실정에 따른 열화와 같은 정권교체 열망, 사상 최고의 2030 투표율, 상대적으로 낮았던 5060 투표율, 안철수 후보의 지원을 업고도 읽지 않으면 용어 구사가 안 되는 유신공주에게 패배했다.

그 이후에도 정치 리더십을 발휘하지 못하고, 정당의 당 대표라기 보다는 친노 계파 수장 역할에 갇혀 국민의 민심을 얻는데 철저하게 실패했다. 특히 새민련의 심장이라고 할 수 있는 호남은 문재인 대표를 버렸다. 한국갤럽에서 매달 조사하는 '차기 지도자 선호도 조사'에 따르면, 2015년 11월 광주/전라의 문재인 대표 선호도는 5%로, 새누리당 김무성 대표의 9%보다도 낮아 충격을 주었다. 대선 후보 선호도에서 텃밭에서조차 4위하는 분이 무슨 대선 후보를 운운하는가? 또한 2015년 10.28 보궐 선거에서 문재인 대표는 자신의 지역구(부산 사상) 기초의원 선거에서조차 새누리당 후보에게 무려 22% 차이로 패배했다. 자기 지역구에서 기초의원 하나 못 만드는 정치인이 어떻게 당 대표를 하고 대선 후보를 하겠다는 것인가? 문재인 대표는 표 나올 곳이 없다.

제3절. 48%를 얻은 문재인 후보가 2%+1표만 더 얻으면 정권 잡는다?

친노들도 자신 있으면 친노 독자 정당하라

친노들은 지난 대선에서 48%를 얻은 문재인 후보가 2%+1표만 더 얻으면 정권을 잡는다고 주장한다. 그리고는 문재인 후보 이외에는 대안이 없음을 강조한다. 터무니없는 소리다. 오히려 문재인 대표 아니면 안 된다는 터무니없는 주장이 야권의 창조적 해체를 가로막고 있다.

문재인 대표로는 차기 대선에서 새누리당에서 오세훈, 유승민, 남경필, 정몽준, 김무성 누가 나와도 100% 진다는 게 양심적 민주개혁 세력과 호남의 압도적 여론이다.

우선 문재인 후보의 48%를 보자. 2012년 대선에서 문재인 후보가 득표한 48% 전체가 문재인표라고 믿는 얼치기들은 친노들 빼곤 없다. 따져보자. 저 문재인 후보가 득표한 48%중에는 '민주당 고정표'가 있다. '민주당'이라는 간판, 즉 민주당이라는 상표가 갖는 '권리금'이 있다. 그게 26%다. 민주당 후보로 누가 나오든, 나무토막을 세워도 얻을 수 있는 표가 26%라는 뜻이다. 이는 2007년 정동영이 득표한 역대 제1야당 최하 득표로 그때 얻은 표가 26.1%였다. 이 26%의 '제1야당 간판 값=권리금'이 호남의 피요 눈물이요 한으로 만들어진 것이다. 그 다음, 안철수표가 있다. 친노들이 그렇게 좋아하는 여론조사에 따르면, 문재인 후보와 단일화하기 직전 안철수 후보 지지율이 17~20%였다.

따라서 문재인 후보가 득표한 48%중, 민주당 간판표 26%와 안철수표 17~20%을 제외하면, 순수 친노표는 2~5%에 불과하다. 실제 2011년 문재인, 이해찬, 문성근 등 친노들이 만든 시민통합당 지지율이 1.5%~2.5%였다. 난 문재인 대표가 민주당 간판을 과감하게 버리고 '순수 친노 독자정당' 만들어 독자 대선 출마하면 5% 이상 얻지 못한다고 확신한다.

좋다. 저 48% 전부가 문재인 후보 독자표라고 치자. 48% 다 줄테니까 친노들도 '민주당'이라는 간판없이 문재인 독자 친노정당 만들어, 유시민, 한명숙, 이해찬, 문성근, 명계남, 조기숙, 김진표, 김병준, 이광재 다 모아서 선거 치러보라. 만약 문재인 대표가 이렇게 '친노 독자 정당' 만들어 대선에 출마하면 max 5%, 친노 독자 정당으로 내년 총선에 임하면 max 10석에도 못 미칠 것이라고 확신한다. 친노 자신들도 이 사실을 다 알고 있다. 그래서 밑도 끝도 없이 '닥치고 통합'을 외치는 것이다. 제1 야당이라는 민주당의 '옥새(간판)'만은 틀어쥐고 있어야 하기 때문이다. 제1 야당 간판 값이 최소 26%이고, 의석으로 따지면 제1야당이 아무리 죽을 쑤어도 최소 60석은 된다. 이거라도 쥐고 있지 않고, 친노 독자 세력으로는 내년 총선에서 어느 지역에서도 당선될 곳이 없다.

이렇게 '실질 지지율'이 2~5%밖에 안되는 세력이 제1 야당의 간판을 쥐고 있는 것이 제1 야당의 비극이고, 우리 정치의 비극이고, 나아가 우리 국민의 비극이다. 2~5% 지지율 밖에 안 되는 세력이 당권을 쥐는 상징조작 도구는 바로 여론조사와 모바일이다. 핸드폰 착신 여론조사와 모바일로 친노 당 대표 만들고 → 친노 당 대표는 친노를 지역 위원장으로 공천하고→친노 지역위원장은 친노 대의원을 임명하고 → 그렇게 임명된 친노 대의원과 '깨어 있는 시민'은 다시 모바일로 → 친노를 당 대표로 선출한다. 이른바 '정당판 순환 출자'다.

호남이 노무현 후보를 압도적으로 지지했던 건, 그가 맹목적 배타성을 가진 영남 지역에서 노선과 가치에 따라 DJ를 지지하자고 호소했기 때문이다. 광주에서 콩이면 서울에서도 콩이고 부산에서도 콩인 정치를 주장했기 때문이다. 그는 대선 전에는 자기희생을 마다하지 않았고, 호남은 그 같은 노무현의 희생을 압도적 지지로 보답했던 것이다. 나아가 호남 유권자들의 유연성, 실용성, 개방성과 같은 기질도 노무현을 압도적으로 지지하는 데 한몫했을 것이다. 그러나 대체 문재인 대표가 호남을 위해, 서민 중산층을 위해, 양심적 민주 개혁 세력을 위해, 근로자를 위해, 청년 실업자를 위해, 농민을 위해, 영세 자영업자를 위해 무엇을 했단 말인가. 호남도 이젠 친노들에게 할 만큼 했다. 호남은 더 이상 친노에게 빚이 없다. 호남이 더 이상 친노를 지지할 이유는 없다고 확신한다.

친노, 486들은 정동영에게 요구했듯 내년 총선에서 강남, 영남에 출마하라

고작 초선 의원에 불과한 문재인 대표는 정치공학적 기교를 부릴 게 아니라, 내년 총선에서 지역구에 출마하여야 한다. 그게 정치의 기본이다. 그런데 기본은 안 하고 10년째 알맹이 없는 '혁신 타령'이다. 문 대표는 지난 전당대회

과정에서 지역구 불출마를 선언한 바 있다. 고작 초선 의원이 총선에서 지역구 출마 없이 대선으로 직행하겠다는 것이다. 그게 '노무현 정신'인가? 노무현 대통령에게 부끄럽지도 않나?

난 문재인 대표에게 정동영처럼 당선이 사실상 불가능한 서울 강남에 출마하여 희생하라고는 안 하겠다. 그러나 문재인 대표가 대선에 꿈이 남아 있다면 ▲호남 유권자들이 가장 많아서 수도권에서 제1 야당이 가장 당선되기 쉬운 지역인 서울 관악乙 ▲새민련의 심장이라서 새민련 나무토막만 심어도 당선된다는 광주 ▲문재인 대표의 고향인 부산, 이 세 군데 중 한 군데에서 출마해 국민의 심판을 받아야 한다. 그게 아니라면 전국 246개 지역구 중 그 어디라도 출마하여 자신의 정치적 위상을 확인해야 한다. 대선은 그 이후에 고민해야 할 일이다.

그 외에 친노 486들 모두 내년 총선에서 '지역구도 극복'을 위해, 서울 강남과 대구 경북, 부산, 울산 경남에 출마할 것으로 믿는다. 호남과 수도권 호남인 밀집 지역에 출마해서 날로 먹을 생각하면 정치 간상배^{奸商輩} 소리를 면치 못할 것이다.

제4절. 신당은 야권분열이다? – 우리는 친노를 야당으로 보지 않는다

친노들은 개혁적 야권 신당에 대해 "야권 분열 → 새누리당에 어부지리를 주는 행위 → 새누리당 세작"이라는 프레임을 작동시킬 것이다. 물론 '싸가지 없는' 소리다. 1980년대 우리 국민들이 민한당을 야당이라고 생각하지 않았듯, 우리는 친노를 야당으로 보지 않는다.

1985년 민한당 붕괴와 신민당 창당, 1995년 이기택의 민주당 붕괴와 새정치국민회의 창당을 야권 분열이라고 하는 사람은 아무도 없다. 지금 새민련 붕괴를 야권 분열이라고 하는 자는 생계형 특권 유지에 급급한 친노들 외엔 없다.

지금 대한민국에 (분열할) 야당이 어딨나? 다시 말하지만, 우리는 친노 새민련을 야당으로 보지 않는다. 새민련은 좋게 봐줘야 전두환 정권 시절 관제 야당이었던 민한당 수준이다. 정체성에서 새누리당과 다를 바 없는 친노와 486 정치 기술자들을 반드시 심판, 정계에서 퇴출시켜야 한다. 그리고 가짜 야당, 새누리당이 그려준 궤도만 도는 위성 정당, 제2의 민한당인 새민련을 붕괴시켜야 한다. 1985년 민한당을 붕괴시키고 신민당을 재건하지 않았다면 87년 직선제 쟁취도 없었다. 1995년 이기택의 민주당을 붕괴시키고 국민회의를 창당하지 않았다면 97년 수평적 정권 교체도 없었다.

일부 친노들 중엔 주적이 새누리당이니 일단 단결하자고 주장하나, 소가 웃을 얘기다. 그들 주장은 "이명박근혜보다는 우리가 낫지 않느냐"는 것인데,

MB와 朴 정권을 방패막이 삼아 자신들의 권력욕을 유지하려는 간책에 지나지 않는다. 이를 전문 용어로 '노명박근혜의 적대적 공존'이라고 한다. 앞서 지적했듯이, 정체성에서는 한 치의 차이도 없는 영남 세력이, 필요에 따라 서로에 대한 증오심을 부추기며 적대적 공존하는 것이다. 박근혜 정권이 야당복 하나는 타고 났다.

제3장 야권 신당의 당위성

제1절. 집권을 위해선 선명야당을 재건하여 다당제 구도를 만들어야 한다

미국과 영국 국민의 철퇴를 맞은 '유연한 좌파 신자유주의' 집단

지금 대선 후보는 아무 의미가 없다. 2016년 총선 결과에 따라 대선 후보군에서 사려져야 할 정치인들이 많다. 각자 갈 길 가서 다당제로 2016년 총선을 치른 후, 총선 결과 국민이 만들어준 정치지형을 토대로 '이질적 세력' 간 정치공학적 연대에 나서서, 2017년 새누리당 후보와 경쟁하자. 그게 우리가 정권 교체할 수 있는 유일한 길이다. 그러기 위해선 먼저 선명한 개혁정당이 탄생되어야 한다. 선명한 개혁정당을 만들어 총선에 임해 돌풍을 일으킨 후, 이질적인 정치세력과 연대를 시도해야 한다.

지금 대선 경선이 한창 진행 중인 미국에서는 '사회주의자' 버니 샌더스 상원의원이 돌풍을 일으키고 있고, 영국에서는 '강성 좌파'로 불리는 제러미 코빈 하원 의원이 노동당 당 대표에 선출되는 파란이 일어났고, 캐나다에서는 부자증세와 서민감세를 내세운 자유당 후보가 집권에 성공하였다.[229]

주지하다시피, 미국과 영국은 원조 신자유주의 국가이자 신자유주의 수출국가이다. 그 신자유주의 원형 국가에서 정치판의 지각 변동이 일어나고 있

---

229) 2015/10/19 [뉴시스] 캐나다 총선서 자유당 '압승'···'40대 총리' 탄생

는 것이다. 미국과 영국에서 왜 이런 현상이 일어나고 있는가? 이는 '좌파 신자유주의'에 대한 국민적 탄핵을 의미한다. 즉, 입으로만 개혁을 외치면서 수구세력의 신자유주의 정책을 그대로 모방하는 '사이비 개혁 세력'에 대해, 미국, 영국, 캐나다 국민들이 더 이상 참지 못하고 철퇴를 가한 것이다.

지금 세계 경제는 사실상 대공황의 상황이다. 대공황일 때 무솔리니, 히틀러 같은 독재자가 나오는 것이고, 루스벨트 같은 창의적인 지도자도 탄생하는 것이다. 버니 샌더스와 제러미 코빈도 오늘날 대공황이 낳은 시대의 산물이다.

참여정부가 유연한 진보라면 한나라당이야 말로 가장 유연한 진보

이러한 미국과 영국의 예는 현재 한국 정치판에도 딱 들어맞는다. 노무현 대통령 스스로도 "권력은 시장으로 넘어갔다"고 했다. 그러나 권력을 시장에 넘길 거라면 뭐하러 목숨 걸고 정권을 잡나? 참여정부는 정권을 잡고 무엇을 할 것인지에 대한 준비가 전혀 안 된 정권이었다. 피 흘려가면서 박정희, 전두환으로 상징되는 '독재' 리바이어던을 해체하고 나니, 그 자리를 '자본(=시장)'이라는 새로운 리바이어던이 차지하고 말았다. 친노는 시장市場이라는 리바이어던의 득세를 관치경제 해체요 진정한 경제적 자유라고 주장했다. 따라서 참여정부는 시장市場이라는 새로운 리바이어던을 통제하고 규제, 조정할 의사가 전혀 없었다. 결과적으로 군사독재가 물러가고 '시장市場독재'가 그 자리를 차지하게 됐으며 서민은 절망했다. 그 결과 진보 좌파를 자임하는 친노 새민련은 정책에 있어서 MB, 박근혜 정권과 아무런 차별성이 없었다.

2007년 2월 17일 노무현 대통령은 청와대 브리핑에 "대한민국 진보, 달라져야 합니다"라는 제목의 글을 올려 참여정부의 노선은 '유연한 진보'라고 주장하며, 이는 '교조적 진보'에 대응하는 개념이라고 주장했다.[230] 양심적 개혁세력이 참여정부 정책을 신자유주의라고 비판하자, 참여정부는 "진보도 이젠 유연해야한다"고 훈계하며 자신들의 수구 보수노선을 합리화한 것이다.

이처럼 참여정부는 '유연한 진보'의 이름으로 총체적 매국 조약인 한미 FTA, 로스쿨, 영리병원, 제주 해군기지, 대북 송금특검, 한미일 3각 동맹, GPR, YRP(LPP), 전략적 유연성, 삼성공화국, 분양가 비공개, 부자감세, 한나라당과 대연정, 비정규직 고착화, 중소기업 고유 업종 폐지, 대학법인화 등을 수용했다. 그러나 이것들이 유연한 진보라면 한나라당이야 말로 가장 유연한 진보다.

자칭 '유연한 진보'를 표방하며 한나라당보다 더 신자유주의적인 친노 및 486들 심판하는 것이야 말로 새정치요 명예혁명이다

우리의 입장은 분명하다. '정치적 자유주의'는 적극 보장하되 '시장市場 근본주의(시장 만능주의)'와는 분명하게 선을 그어야 한다. 정치, 양심, 사상, 문화, 표현 등의 영역은 최대한 자유를 보장해야 하지만, 경제, 노동, 복지, 의료,

---

230) 2007/02/17 [오마이뉴스] "나 때문에 다음 정권 놓친다니?" 노 대통령 '대한민국 진보 달라져야' 주장
2007/02/17 [한겨레] 노대통령 "대한민국 진보 달라져야"

교육, 주택 등의 분야는 국가가 적극 개입하여 때론 규제하고, 때론 조정하고, 때론 조성해야 한다. 그래야 實質的 正義를 확보할 수 있다. 국가개입 없이 어떻게 세상을 바꿀 수 있겠나. 이제 우리 국민도 국가를 권리침해의 혐의로부터 해방시켜야 한다. 국민의 직선에 의해 민주적 정당성을 획득한 민주정부가 시장에 개입하여 규제, 조정, 조성하는 것은 원활한 시장을 위해 필수불가결한 것일 뿐더러 나아가 자신들을 선출해 준 국민에 대한 공적 책무이다.

그러나 더 이상 신자유주의자 집단이자 새누리당 '맞춤형 야당', 새누리당이 그려준 궤도만을 돌고 있는 새누리당 '위성 야당'인 친노 새민련으로는 아무 희망이 없다. 영국 국민들은 보수당보다도 더 보수당 같았던 영국 노동당의 이른바 '토니 블레어' 노선에 철퇴를 가했다. 그런데 한국에서는 한나라당보다 더 한나라당 같았던 친노 새민련이 아직도 개혁을 참칭하고 있다. 안 될 일이다. 무능한 '與野 수구 영남 체제'를 갈아엎어야 한다. 미국 국민과 영국 국민이 사이비 무능 진보 세력을 심판하는 '명예혁명'에 착수 했듯이, 우리 국민도 이제 사이비 진보세력 '친노 새민련'을 갈아엎어야 한다. 내년 총선이 그 명예혁명의 장이 될 것이다. 앞서 언급했듯 이미 수많은 선거를 통해 친노 + 486에 대한 양심적 민주개혁 세력과 호남의 평가는 끝났다. 이제 호남과 양심적 민주개혁 세력은 친노만 아니라면 지나가는 개도 찍을 태세다.

친노 세력도 참여정부의 정책 내걸고 독자 정당 만들어서 총선에 승부하라

각자 갈 길 가자. ▲새누리당(TK) ▲양극화청산, 냉전종식, 유럽식 복지자본주의 건설을 내건 선명 야당(호남+수도권) ▲ YS+이기택+노무현 정신을 승계하는 영남비주류 친노당(PK) ▲안철수당 ▲정의당 등 다당제로 가서 국민에게 심판 받자.

친노들은 자신들이 당권을 잡으면 '닥치고 통합'을 외치면서 '친노 파쇼'를 합리화하는데, 속 보이는 짓이다. 단언컨대 더 이상 '정체성 없는 잡탕식 통합'은 유효하지 않다. 통합보다 선결되어야 하는 것이 바로 '정체성'이다. 친노가 주장하는 정체성 없는 잡탕식 통합은 변형된 '한나라당과의 대연정'일 뿐이다. 친노들도 당당하게 친노 정당 만들어서 참여정부의 한미 FTA, 대북송금특검, 로스쿨, 영리병원, 비정규직 고착화, 대학 법인화, 이중곡가제 폐지, 부자감세, 민주당 분당, 대연정, 한미일 3각 동맹(제주해군기지, 주한미군 MD 수용, 전략적 유연성 수용, YRP/LPP 덤터기), 삼성 공화국 등의 주옥같은 업적(?) 내걸고 당당하게 국민의 심판을 받길 권한다.

제2절. 우리는 '관념적 진보'를 원하는 게 아니라 '구체적 변화'를 원한다

대한민국의 3대 현안 – 양극화, 냉전적 사고, 정글 자본주의(신자유주의)

우리 국민이 원하는 선명 야당은 어떤 야당일까. 이를 위해서는 지금 현재 우리나라가 직면한 가장 큰 문제가 무엇인지를 언급할 필요가 있다.

지금 우리나라는 세 가지 엄중한 문제에 직면하고 있다. 한반도를 둘러싼 국제 정세가 소용돌이치며 국제 질서의 거대 균열이 진행되고 있다는 것이 첫째요, 성장 동력으로 시급하게 활용해야 할 남북관계 복원이 더욱 멀어지고 있다는 것이 둘째요, 신자유주의 양극화가 총알이 되어 국민의 심장에 박히고 있다는 것이 셋째이다.

국제정세를 보자. 한반도는 지정학적 요충지인 이유로 강대국의 패권 교체기마다 필설로 형용할 수 없는 전란의 고통을 겪어야 했다. 원명 패권 교체기에 홍건적이 수도 개성을 점령 약탈했고 왜구들이 해안을 쑥대밭으로 만들었다. 명청 패권 교체기에는 임진왜란, 정유재란, 정묘호란, 병자호란 등 50여 년 간 네 차례의 대형 전란을 겪었다. 청일 패권 교체기에는 동학전쟁과 청일전쟁, 러일 패권 교체기에는 러일전쟁, 미일 패권 교체기에는 태평양 전쟁과 한국전쟁에 전쟁터를 제공하였다.

지금 우리는 미중 패권 교체기의 한 복판에 있는 중대한 시기다. 일본의 집단자위권 인정 및 미일 군사동맹 강화, 미중일 영토 분쟁 격화, '중국판 먼로 선언'이라 할 수 있는 방공식별구역 선포, 미국의 한국에 대한 FTA 철저이행 요구 및 MD 압력(美국방수권법 통과), 미국의 한일 협력 및 한미일 3각 동맹 강요, RCEP과 TPP 경쟁, 중국의 AIIB 설립 선언 등 중차대한 이벤트가 잇따르고 있다.

남북관계를 보자. 지난 3년 간 박근혜 정권은 냉전적 사고에 절어 남북관계 개선을 철저하게 외면하고 있다. 그 결과 천혜유일의 성장 동력인 '남북관계 개선'은 까마득한 상태다. 오히려 각 분야에서 냉전적 사고를 부추겨 수세 정국을 돌파하고 지지자를 결집하는 등 남북관계를 국내 정치에 한껏 활용하고 있다. 근래 한반도 전쟁 일촉즉발 위기에서 남북 최고위급 당국자 간 마라톤 협상을 통해 어렵사리 타협을 이루어 위기 국면은 소강상태로 접어들었지만, 미사일 문제와 핵 문제를 발본하지 않는 한 이러한 위기는 언제든 재발될 공산이 크다.

양극화를 보자. 지금 세계는 물론 대한민국은 '대공황 상태'라고 해도 과언이 아니다. 테러와의 전쟁 이후 10년 간 이라크, 아프간, 파키스탄 3국에서 사망한 군경(미군, 테러세력 포함), 민간인이 약 25만 명이다.[231] 10년에 25만 명이 사망했으니 1년에 2만 5천명 꼴이고, 한 국가당 8,500명 꼴이다. 그런데 우리는 총질만 없을 뿐 1년에 1만 5천명이 스스로 세상과 등을 지는 '신자유주의 내전국가'이다. 참여정부, MB 정부, 박근혜 정부가 일관되게 추진

---

231) 2011/09/06 [국민일보] [끝나지 않은 9 11] 10년간 전쟁비용, 우리나라 예산 '11년치'

한 초강대국과의 FTA에 의해 세계가 대한민국의 경제 영토가 됐다는데, 어찌된 영문인지 '저성장, 저투자, 저고용'은 고착화되었고 양극화는 그 끝을 알 수 없을 정도로 심화되고 있다. 성장률과 설비투자 증가율은 군사정권의 1/3 토막 수준이고, 출산율은 내전국가 수준이고, 30대 후반(만 35세~39세) 남성의 50.2%는 미혼이며,[232] 전체 개인소득자 3,122만 명의 중위소득은 연간 1,074만원에 불과하다.[233] 또한 노인빈곤율과 노인자살률은 OECD 회원국 중 독보적인 1위이며(전체 자살률도 1위다), 산재 사망률도 OECD 회원국 중 1위이며, 연평균 노동시간도 OECD 회원국 중 1위이다. 반면 한국의 공공의료비 비중은 OECD 35개국 중 최하위 수준이며(32위), '노동권리지수'도 세계 최하위 수준이다. 비정규직이 850만여 명이고(비정규직의 2013년 월평균 임금은 142만 8000원에 불과하다), 2030세대 40%는 사회진출 전부터 채무자이며, 가계 빚은 1,000조를 넘었다.

2014년 한국의 1인당 국민총소득(GNI)은 약 28,000달러(정확하게 28,180달러)였다. 1인당 약 3,000만원에 해당하는 금액이다. 2인 가구의 경우 연평균 소득이 6,000만원이라는 뜻이며, 3인 가구의 경우 9,000만원이라는 뜻이며, 4인 가구의 경우 1억 2천만 원이라는 뜻이다. 이게 많이 버는 게 아니라 '평균치'라는 뜻이다. 그러나 우리 주변에 연봉이 1억 원 내외가 되는 3인 가구, 4인 가구가 얼마나 되며, 시골 2인 가구(노부부) 연평균 수입이 6천만 원 되는 가구가 몇이나 되나? 연봉 1억은 명문대학 졸업하고 대기업,

232) 2014/11/18 [경향신문] 30대 후반 남성 절반 이상 미혼 상태
233) 2014/12/11 [한겨레] 개인소득자 중위소득은 연 1074만원…"믿기지 않는 현실"

은행, 공기업에 취업해야 가능한 금액이다. 그런데 저게 '평균'이란다. 이상하지 않은가?

2014년 12월 김낙년 교수(동국대 경제학과) 한국경제사학회 학술대회에서 발표한 '한국의 개인소득 분포:소득세 자료에 의한 접근' 논문에 따르면, 전체 3121만9454명 개인소득자(근로소득, 금융소득, 사업소득 포함)의 연간 중위소득이 1,074만원이라고 제시(2010년 기준)하여 충격을 준 바 있다. 쉽게 말해 약 3,120만 명의 개인소득자를 일렬로 세웠을 때, 딱 중간에 서 있는 사람의 연간 소득은 1,074만원(월 89만5천원 꼴)이라는 것이다.[234]

대체 왜 이런 차이가 발생하는가? 1인당 국민소득이 연간 28,000달러가 넘는데(3,000만원에 가까운 금액이다), 왜 1인당 중위소득은 연 1,074만원에 불과한가? 왜 이런 양극화=빈익빈부익부가 심화되는 건가? 뻔하다. 가진 사람은 더욱 많이 가져가고, 없는 사람은 더욱 덜 가져가는 사회구조 때문이다(이런 구조를 조장하는 근본 원인이 바로 '비정규직 제도'다). 가진 사람은 세금을 덜 내고, 없는 사람은 상대적으로 세금을 더 많이 부담하는 사회구조 때문이다.

세상에 이런 야만적 '정글 자본주의 국가'가 대체 어디 있나? 국민의 삶은 도탄에 빠진 지 오래고, 빚으로 하루하루를 연명하고 있는 상황이다. 이처럼 한반도를 둘러싼 국제 정세가 급변하고 있고, 일본은 전쟁할 수 있는 나라가

234) 2014/12/11 [한겨레] 개인소득자 중위소득은 연 1074만원…"믿기지 않는 현실"

되었고, 신자유주의 양극화가 총알이 되어 국민의 심장에 박히고 있는데, 새민련은 정권 잡고는 꼭지점 댄스나 추면서 막말이나 쏟아내더니 지금도 여전히 아무런 정치적 비전을 제시하지 못한 채 권력 다툼으로 당을 각다귀판으로 만들고 있으니 통탄할 일이 아니겠는가. 역대 야당사상 이렇게 무능하고 수구적인 야당은 존재하지 않았다. 무능 친노 10년 권세가 서민 경제 파탄, 개혁 정치 파탄을 초래했다.

민주화 운동 팔아서 집권하는 시절은 지났다

과거 민주화만 외치면 대접받던 시절이 있었다. 그러나 '민주 對 反민주', '민주 對 독재' 구도만으로 정치 상황을 단순화하여 국민의 마음을 날로 얻을 수 있는 시대는 이제 지났다. 그러나 새민련은 여전히 35년 전 사라진 박정희를 끌어들여 정치하고 있다. 10여 년 전 자신들이 저지른 수구 폭정조차 반성하지 못하는 집단이, 40년 전 박정희 시절을 끌어들이는 것이 국민에게 무슨 설득력이 있겠는가? 새민련은 여전히 자신들이 20~30대였던 70~80년대에 머물러 있다.

7, 80년대 민주화 쟁취가 제1의 목표였던 시절에는 정치적 자유주의만 쟁취하면 모든 게 순조롭게 해결될 줄 알았다. 자유주의라는 진리에 의해 삼라만상은 예정조화적으로 작동될 줄 알았다. 그러나 87년 항쟁에 의해 정치 민주화를 쟁취하고 민주주의는 상대적으로 만개했지만, 국민의 고단한 삶은 개선되지 않았다. 오히려 군사정권시절보다 1992년 이후 문민시대에 들어오면

서 부의 분배가 불평등해졌다는 것을 대부분의 국민이 '직관적'으로 느끼고 있다.[235]

국민은 '양극화 청산'을 요구하는데, 친노 새민련은 '민주화 운동' 타령이다. 국민은 '냉전종식'을 요구하는데, 친노 새민련은 '민주화 운동' 타령이다. 국민은 '보편적 복지국가'를 요구하는데, 친노 새민련은 '민주화 운동' 타령이다. 어쩌란 말인가?

야당은 여당의 실정失政이나 우연적 사고事故에 편승하는 '반사적 이익 정치', '소극 정치'로는 절대 성공할 수 없다는 것이 지난 대형 선거를 통해 수없이 실증되었다. 따라서 소극 정치를 넘어서 적극적으로 우리의 선명한 비전과 가치를 제시하고, 국민 속으로 들어가야 한다. 지금처럼 우리의 선명한 비전과 가치를 적극적으로 제시하지 못한 채, "혁신", "사람이 먼저다"는 식의 알맹이 없는 쌍팔년도 운동권 레토릭에 '反MB, 反박근혜'라는 소극적 단일화 정치공학을 얹어서는 절대 국민의 마음을 얻을 수 없다.

---

235) 한국은행 경제통계시스템에 따르면, 1993년 지니계수는 0.25였는데, 2000년 0.266, 2005년 0.281, 2010년 0.31을 기록. 소득분배의 불균형은 더욱 심화됐다.
http://ecos.bok.or.kr/flex/Key100Stat_k.jsp

제3절. 선명야당의 비전−양극화 청산, 냉전종식, 유럽식 복지 자본주의 건설

양극화 청산

지금 대한민국의 당면 과제는 친노 새민련이 주장하는 '네트워크 정당', '스마트폰 정당'이 아니라 양극화, 냉전적 사고, 정글 자본주의(신자유주의)를 극복하는 것이다. 따라서 선명 야당이 제시하는 비전은 ▲양극화 청산 ▲냉전종식 ▲유럽식 복지 자본주의 건설이다. 이것이야 말로 '제2의 민주화 운동'이라고 확신한다.

안으로는 양극화를 청산하여 근로 의욕과 성장 동력을 살려내고, 밖으로는 냉전종식을 통해 한반도 평화체제를 수립하여 북한 및 동북3성을 우리의 경제 영토로 만들어, 우리의 궁극 목표인 유럽식 복지 자본주의 건설을 향해 전진하여야 한다. 美中 대결이라는 외교안보적 중대 국면을 슬기롭게 극복하기 위해서는, 냉전적 사고를 종식시키고 거침없이 대륙으로 향하여 우리의 사이즈를 키워야 한다. 목포와 두만강을 이어 TSR과 연결하고 부산과 압록강을 이어 TCR과 연결하는 'X−프로젝트'를 가동하여야 한다. 이것만이 한국이 국제정세의 거대한 변동을 예리하게 이용하여 '복지 G1'으로 가는 첩경이다. 일제 강점기 시절 부산을 출발해 평양, 모스크바, 베를린을 거쳐 파리까지 갈 수 있었다. 식민지 시절에도 갈 수 있었던 그 길을 해방 70년이 다 되도록 못 간다는 게 말이 되는가?

그렇다면 어떻게 양극화를 청산할 것인가? 양극화 청산은 ▲국가 주도의 강력한 산업정책 ▲재벌해체 반대하되 시장과 재벌에 대한 강력한 민주공화적 통제 ▲재벌과 '경영권—노동복지 교환 모델'의 사회적 대타협(재벌 경영권 보장해주고 그 대신 신규투자, 노동권 보장, 생산기지 해외 이전 제한, 부자증세 얻어내자) ▲경제부흥청 및 민관 합동 미래투자결정위원회 신설 ▲비자발적 비정규직 및 간접고용 폐지 ▲노조조직률 제고(10년 내 40%) 및 산별 노조의 법제화 ▲대부업법 폐지하고 이자제한법으로 일원화하되 연리 20% 이하로 규제 ▲쟁의행위로 인한 손해배상 청구 및 가압류 제도 남용 제한 ▲상가임대차 보호법 보호범위 대폭 확대 ▲'글로벌 스탠더드'에 맞는 산재보험 제도, 최저임금, 근로시간 정립 등으로 풀어가야 한다.

냉전종식

어떻게 냉전을 종식할 것인가? 김대중(DJ) 전 대통령의 ▲찬란한 햇볕정책 계승 발전 ▲9.19 공동성명에 따른 한반도 평화 체제 수립, 즉 북미 평화협정 체결과 북핵 폐기 동시 일괄 타결 ▲4대 강국 선린 조화외교 ▲3단계 통일 방안[평화협력 단계 → 남북연합 단계(一 國兩制) → 독일·미국·스위스 같은 연방제 통일 단계] 추진 ▲개성공단을 해주·남포·신의주·원산·나진선봉으로 확대 ▲X-프로젝트 추진 ▲주한미군 철수 반대 등으로 가능하다.

유럽식 복지 자본주의 건설

유럽식 보편적 복지국가 건설은 ▲독일식 혼합 선거제(독일식 소선거구제 +권역별 비례 대표제가 아닌 전국 정당명부 비례 대표제, 정당 총선 득표율 =정당 의석수) 도입 ▲대선 결선투표제 도입 ▲책임부총리제 도입으로 권력 분산 및 책임 강화 ▲각종 망(network) 산업과 의료·교육·주거(醫敎住)의 공공성 강화 ▲사회복지세 신설 ▲부자증세를 넘어선 단계적 보편증세 ▲건 강보험 하나로 도입 ▲암·치매 환자 100% 국가 책임제 실시 등의 정책을 강 력하게 추진함으로써 가능하다.

이를 위한 재정조달 수단은 다음과 같다. ▲재정개혁, 즉 예산 구조조정[236] ▲경제성장으로 인한 자연적 세수 증가분 ▲사회보험료, 즉 건강보험 하나 로 정책과 건강보험료 부과기준 개선(역진성 개선)에 따른 보험료 증가분 ▲ 조세개혁(부자감세 철회, 사회복지세 신설, 소득세 최고구간 신설 및 과표 조 정, 단계적 누진 보편 증세, 법인세 증세 및 비과세 감면 축소, 일감몰아주기 과세, 주주 주식양도차익 과세 전면 확대, 파생상품 증권거래세, 금융소득 종 합과세 기준인하, 임대사업소득세,[237] 종교인 과세, 자산재평가로 인한 과세, 역외탈세 등 음성탈루소득에 대한 추징 등).

---

236) 2013/10/29 [한겨레] 예측 수요의 8% 승객만 태우고 달리는 인천공항철도
2013/10/28 [중앙일보 사설] 경제성 없는 좀비 사업은 아예 접어라
2013/11/07 [서울경제] MB 정부 예비타당성조사 면제 사업 88건… 총 60조원 규모. 최재천 "'묻지마 식 예산 투입' 시정돼야"
2013/12/07 [경향신문] 민자 도로, 주주가 자기 회사에 고리대금 폭리
237) 2014/02/25 [조선일보] 국세청, 월세받는 집주인 소득세 엄격하게 부과한다 '긴장'

민주개혁 세력의 "3大 新성장 동력" - 통일, 복지, 노동개혁

더 이상 근로자를 쥐어짜며 비정규직으로 인건비 후려치며 성장하는 "70년대식 성장론=새누리당식 성장론"은 양심적 민주개혁세력의 길이 아니다.[238] 우리는 새누리당과 구별되는 성장동력으로 "통일, 복지, 노동개혁"을 제시하여야 한다. 이렇게 ▲양극화 청산 ▲냉전종식 ▲유럽식 보편적 복지국가 건설을 통해 통일, 노동개혁, 복지를 성장 동력화해야 한다.

그러나 냉전적 사고에 찌든 박근혜 정권 수준으로는, 그리고 새누리당보다 더 수구 보수적이고 철학없이 시의에 뇌동하는 무능한 새민련 수준으로는 불가능하다. 박근혜 정권을 철저하게 견제하고 정권을 재창출하기 위해서는 '야권 재편'이 선결되어야 한다. 위와 같은 확고한 국가 비전을 제시하고, 이에 동의하는 제 정치세력을 결집할 수 있는 선명 야당을 창당해야 한다.

---

238) 2015/11/20 [경향신문] 일본은행 총재도 "경제 살리려면 임금 올려야"…기업 압박

제4절. 정동영을 선명야당 재건의 거름으로 활용하자

정동영 탈당은 나쁜 탈당이고, 이해찬, 유시민, 문성근의 탈당은 착한 탈당인가?

정동영에 대한 비난이 분분하다. 몇 가지만 방어하겠다. 2015년 1월 정동영이 새민련을 탈당하자 친노들은 정동영에 대해 입에 담을 수 없는 비난을 했다. 왜 유독 정동영 탈당만 비난하는가?

툭하면 "대선 후보까지 지내고 장관까지 지낸 사람이 탈당했다" 운운하는데, 곤란하다. 잣대를 들이대려면 일관성 있게 들이대야 하는데 친노들의 잣대는 '고무줄 잣대'다. 판단의 준거가 '국민'이 아니라 '친노'이기 때문에 그렇다.

좋다. 묻겠다. 첫째, 정동영을 대선 후보 대접이나 해줬나? 흑싸리 껍데기 취급하지 않았나? 전직 대선 후보가 탈당한다는데 친노 중 누구하나 나서서 진지하게 만류하거나 설득한 적 있나? 갈테면 가라고 한 거 아닌가? 둘째, 대선 후보 탈당만 나쁘고, 총리까지 지내고 대선 후보 경선에 참여했던 이해찬 총리의 탈당은 괜찮은가? 역시 장관까지 지내고 대선 후보 경선에 참여했던 참여정부 황태자 유시민 전 장관의 탈당은 괜찮은가? 당 대표(대행) 까지 지낸 문성근 대표 대행의 탈당은 괜찮은가? 대체 왜 정동영만 집단 이지메를 당해야 하는가? 한경오(한겨레, 경향, 오마이뉴스)는 왜 친노의 탈당에 대해선 침묵하고 정동영의 탈당에 대해서만 유별난가?

이해찬 총리는 2008년 1월 손학규 대표 체제를 비난하며 자신이 대선 후보 경선에 참여했던 대통합민주신당을 탈당했다.[239] 그러나 손학규 대표는 이해찬 총리와 함께 대통합민주신당의 대선 경선에 참여했던 사람이다. 같이 대선 경선에 참여할 땐 언제고, 후에 손학규 후보가 당 대표 됐다고 탈당하는 게 옳은가? 그렇다면 왜 같이 못 갈 사람과 같이 대선 경선까지 참여했나? 이해찬 총리 탈당 5일 후 유시민 전 장관도 탈당했다. 이해찬 총리와 유시민 전 장관의 탈당에 대해선 노무현 대통령마저도 비판적이었다.[240] 그렇게 손학규 대표 체제를 비난하며 탈당했던 이해찬 총리는 2011년 12월 문재인, 문성근 등과 시민통합당을 만들어 슬그머니 민주당과 합당했다. 통합 당시 민주당 대표는 손학규였다.

정동영이 철새다?

친노들은 저녁 굶은 시어미 낯짝으로 정동영에게 철새라고 비난한다. 친노의 비열함에 참담하지 않을 수 없다. 통상적으로 정치권에서 철새라 함은 국가의 이익이나 공익에 앞서 사익과 영달을 좇는 정치인을 칭한다. 묻겠다. 정동영이 사익을 위해 지역구를 옮긴 적이 있나?

정동영은 당의 요구에 따라 2008년 4월 총선에서 원치도 않는 동작에 출마,

239) 2008/01/11 [동아일보] 쇄신 대상 이해찬, 탈당 '선수치기'
　　2008/01/16 [머니투데이] 신당 "유시민, 떠나면서 재 뿌린 꼴"
240) 2008/01/14 [세계일보] 盧대통령 "친노 창당 명분 없다"

뉴타운의 광풍 속에서 정몽준 후보와 맞섰다. 죽는 거 빤히 알면서 산화하였다. 2012년 총선에서는 당의 요구에 따라 강남에서 참여정부와 이명박 정부가 총애한 한미 FTA 협상 대표 출신 김종훈과 맞섰다. 당의 요구에 따라 죽을 게 빤한 사지^{死地}에 출마하는 '정치 철새'가 세상에 어디 있단 말인가? 그것도 8년씩이나?

정동영은 철새가 아니라 '당의 도구'가 되는 것을 마다하지 않았을 뿐이다. 거름이 되는 것을 마다하지 않았을 뿐이다. 정동영이 철새인 게 아니라 그에 대한 당과 친노 세력의 요구가 그때그때 오락가락했을 뿐이다. 당에서 여기저기 출마를 요구해 놓고, 그것도 낙선될 것이 빤한 지역만 골라서 출마를 요구해 놓고, 이제 와서 철새 운운하는 것이 온당한가? 지난 15년 간 친노와 486 정치인 중에 정동영 만큼 당의 명령을 받들어 사지에서 전사한 정치인이 단 한 명이라도 있던가?

지역구 이전이 철새라면, 노무현, 손학규, 김한길, 유시민, 김부겸 등도 철새다. 이들 모두 몇 번씩 지역구를 옮겼다. 이들 외에도 지역구를 옮긴 정치인은 헤아릴 수도 없이 많다. 정치인에게는 단순히 지역구를 이전하였는지 여부가 중요한 게 아니라 정확한 노선으로 날고 있는지가 중요한 것이다. 친노들은 정동영에게 철새라고 비난할 게 아니라, 양극화 청산을 위해 아래(서민)로 향하고 냉전종식을 위해 위(대륙)로 뻗어나가 궁극적으로 유럽식 복지 자본주의 국가를 건설하겠다는 정동영의 노선과 가치가 무엇이 잘못됐는지 지적해주기 바란다.

앉은 자리에서 새누리당이 던져주는 모이나 주워 먹으면서 기름배가 차 날지도 못하는 기만적 위성 야당 친노 새민련이, 정확한 노선에 따라 선명한 비전과 가치를 제시하며 역동적으로 날고 있는 정동영에게 철새라 비난할 자격이 있는지, 가슴에 손을 얹고 생각해보길 권한다.

우리에겐 아직 정동영이 남아 있다

나는 지난 9년 동안 피 토하며 친노와 486의 수구적 정체성에 분노했다. 그리고 그들은 도무지 질 수 없는 선거에서 판판이 깨지면서 몰락의 길로 접어들었다. 내 주장이 옳았다. 특히 작년 7.30 보궐과 올 4. 29 및 10.28 보궐에서 드러난 호남 민심은 누가 불만 댕겨주면 타오를 준비가 돼 있음이 확인되었다. 그러나 이미 오래 전부터 호남과 양심적 민주개혁 세력의 열망은 타오르고 있었다. 누구 하나 용기를 내지 못했을 뿐이다. 이제 친노와 486은 몰락의 최종 순간에 있다.

그러나 나는 지금 기뻐할 수만은 없다. 친노의 정치적 무능, 수구 보수성, 권력욕에 대한 국민 분노가 하늘을 찌르는데, 이 열기를 결집할 '선명한 대중적 개혁 정당'이 존재하지 않기 때문이다. 만약 이대로 새누리, 새민련 '양새 영남 수구 보수체제'로 또 내년 총선을 치른다면 그것은 똥과 오줌을 두고 선택을 강요하는 꼴밖에 안 된다. 지금 박근혜가 좋아서가 아니라, 무능 친노 패권주의가 넌더리난다는 이유로 박근혜 정부와 새누리당을 지지하는 사람이 늘어나고 있다고 하니[241] 억장이 무너질 일 아닌가?

이제 우리는 누가 진정한 개혁 세력이고 누가 진정한 개혁 정치인이지 냉정하게 생각해 보아야 한다. DJ가 평생을 이념 공세에 시달렸듯, 친노들로부터 부당하게 조리돌림 당하는 선명한 개혁 정치인이 우리에겐 있다. 바로 '정동영'이다.

누가 뭐라고 해도 정동영은 양심적 민주개혁세력의 가장 큰 자산이다. 그럼에도 불구하고 그 역시 흠이 있는 정치인이지만, 정동영은 개혁성, 선명성, 대중성을 갖춘 유일한 현실 정치인이다. DJ 이후 정동영 만큼 남북관계와 외교안보에 관한 통찰력과 식견을 갖춘 정치인은 없다. 1994년 한반도 전쟁 위기에서 DJ가 "카터를 북한으로 보내 협상하게 하자"는 창의적인 아이디어를 내놓아 전쟁 위기를 넘겼듯, 부시 행정부 강경 매파 럼스펠드를 설득하여 개성공단의 문을 열고 9.19 공동성명을 이끌어 낸 사람이 바로 '정동영'이다. 절대 공개해선 안 되는 '정상회담 NLL 대화록'을 헌법 개정 때나 가능한 국회의원 2/3를 동원해서 공개해 놓고, 막상 참여정부의 실수로 기록이 존재하지 않는다는 게 밝혀지자 뜬금없이 "이쯤에서 그만하자"고 해서 전 국민을 아연케 한 문재인 대표의 통찰력과는 비교 자체가 불가하다.

또한 정동영 만큼 양극화 문제와 노동 문제에 천착한 정치인이 없다. 문재인 대표와 친노가 비정규직이나 노동 현안에 대해 관심이나 있던가? MB 정

---

241) 2015/08/24 [경향신문] [김규항의 혁명은 안단테로] 배트맨의 집사

부 시절, 한진중공업 근로자 170명에 대한 정리해고 철회를 요구하며 고공 크레인에 올라 시위한 민주노총 지도위원 김진숙 씨가 있었다. 김진숙 씨는 역설적이게도 MB 정부니까 언론(한경오)의 조명도 받고 여론의 관심을 받았다. 참여정부 같았으면 택도 없었다. 김진숙 씨가 매달려 있던 그 크레인에서 두 명의 노동자가 죽었는데도, 눈길 한번 주지 않은 게 바로 참여정부다. 오히려 "죽음이 투쟁 수단이 되는 시대는 지났다"며 망자^{亡者※}를 모욕하고 비정규직을 기간제로 고착화한 게 참여정부다.

죽겠다고 고공 크레인에 올라가 절규했던 김진숙 민주노총 지도위원을 살려낸 게 누군가? 친노들 아무도 관심도 없는 국회 환노위로 자청하여 옮긴 후 900만 비정규직을 대변한 사람이 누군가? 인간성 상실과 몰염치의 극치이자 현대판 노예제도인 '간접고용'의 부당성을 눈물로 호소한 정치인이 누군가? 정동영이다. 대체 문재인 대표가 비정규직 근로자를 위해 뭘 했나? 친노가 뭘했나? "집권세력 만들겠다면 희망버스 타지 말아야 한다"고 재나 뿌리지 않았나? 혹자는 "정동영의 쇼일 뿐이다"라고 한다. 친노는 그 "쇼"라도 해봤나? 왜 "쇼"도 못하나?

나아가 정동영 만큼 '유럽식 복지 자본주의 건설'을 열망하는 정치인도 없다. 미국은 우리의 길이 아니다. 미 대선에서 돌풍을 일으키고 있는 샌더스의 주장처럼 미국은 "전 국민 의료보험이 없고, 유급병가가 없으며, 모성휴가가 없고, 대학 등록금은 세계 최고이며, 수감자 비율은 공산주의 중국보다 더 많

다. 선진 산업국들 중 불평등 정도가 가장 심하다."[242] 미국은 기축통화와 군
사력이라는 막강한 하드웨어로 움직이는 나라이고, 그 하드웨어의 쇠퇴와 함
께 그 성장도 멈추었다는 사실史實을 우리는 주목해야 한다. 기축통화도 없고
군사력도 미약한 우리가 어떻게 미국을 모방할 수 있는가?

이처럼 우리가 열망하는 ▲냉전종식 ▲양극화 청산 ▲유럽식 자본주의 건
설이라는 비전에 정동영만큼 부합하는 정치인이 없다. 이 때문에 2009년 이
후 친노가 정동영의 원내 진입을 필사적으로 저지한 것이다. 친노의 신자유
주의적 수구성과 가장 극명하게 비교되는 정치인이 바로 정동영이기 때문에,
정동영이 가장 친노에게 두려운 정치인이기 때문에 조리돌림하면서 정동영
을 제거한 것이다.

정동영을 선명 야당 재건의 거름으로 활용하자

정동영을 외면하는 것은 우리 자신을 외면하는 것이다. 우리 모두 정동영
이다. 이제 우리가 정동영을 품자. 새누리당 위성 정당인 친노 새민련이 정동
영을 음해하고 공격하여 일시적으로 만신창이로 만들 수 있을지는 모르겠지
만, 새민련을 갈아엎고 선명야당 재건을 열망하는 국민의 염원까지 이길 수
는 없다. 정동영만큼 확실한 개혁적 정체성과 신념을 가진 정치가 '철새 정치'
라고 한다면 우리 국민은 기꺼이 철새정치를 지지할 것이다.

---

242) 2015/07/15 [경향신문] 미 민주당 대선 경선 '샌더스 유세현장'을 가다…"99%의 정치혁명"
     연설에 3500여 군중 "필 더 번"

선거 때만 되면 지역구도 타파를 외치며 호남 앵벌이로 권력을 누리는 '노빠 바이러스균'에 감염된 제1 야당을 해독시키는 길은, ▲양극화 청산 ▲냉전종식 ▲유럽식 복지 자본주의 건설을 내걸고 선명 야당을 창당하여 가짜야당 새민련을 갈아엎는 길 뿐이다. 이 신당의 엔진이 될 수 있는 유일한 정치인은 정동영 뿐이다. 정동영을 양심적 민주개혁 세력 부활을 위한 거름으로 사용하자.

비상한 시기에는 비상한 결단이 필요하다. 우리의 선명한 노선과 가치를 내걸고 DJ의 냉전종식과 남북화해 정신을 승계하되, DJ도 이루지 못한 양극화 청산 및 유럽식 복지자본주의 건설을 위한 위대한 명예혁명에 첫 발을 내딛어야 한다. 그것이 '60년 정통 민주당'의 정통성을 되찾는 길이다. 그것이 DJ의 눈물과, 양심적 민주개혁 세력의 한과, 정치적 자유주의를 쟁취하기 위해 사랑도 명예도 이름도 남김없이 사라져간 수많은 민주열사들의 혼을 달래는 길이다. 그것은 분열이 아니라 새 희망이요 새 출발이다. 또한 선명 야당 창당만이 현 야권의 근본 문제인 지도자 부재와 정체성 상실을 일거에 해결하고 정권교체의 주춧돌을 놓을 수 있는 유일한 길이다.